AF362819

LA DEFENSA DEL AMBIENTE

Empoderamiento ambiental
por la protección de nuestro planeta,
la naturaleza, el ambiente, los animales
y la humanidad

Darío Acosta

LA DEFENSA DEL AMBIENTE

Empoderamiento ambiental
por la protección de nuestro planeta,
la naturaleza, el ambiente, los animales
y la humanidad

EDITORIAL
Letra Minúscula

Primera edición: agosto de 2020
ISBN: 978-84-18447-59-4
Copyright © 2020 Darío Acosta
Editado por Editorial Letra Minúscula
www.letraminuscula.com
contacto@letraminuscula.com

Dedicado para aquellos que aman la naturaleza, para los que quieren un ambiente sano y libre de contaminación, con agua y aire limpio para todos; para los que protegen y buscan vivir en paz con los animales y en armonía con nuestro planeta y ser mejores seres humanos.

Dedicado especialmente:
Con todo el corazón, para mis padres.
Graciela González y Genoveth Acosta.
Mamita linda, jamás podré pagarte por todo el amor que me das y por todo lo que me enseñaste, por los valores, por la excelente formación con la que me educaste, gracias por el infinito apoyo que siempre me has dado a lo largo de nuestra vida.
Te quiero mucho y te amaré eternamente, infinitas gracias por tanto y amorosas gracias por todo.
A mi hermano Fredy, porque quiero que sepa que lo quiero mucho.

Dedicado también:
A mis primas Lili y Sandy. Crecimos juntos, me aceptan tal cual soy, con muchísimos defectos y con algunas virtudes, tenemos muy buena comunicación, siempre me apoyan; ellas son para mí como mis hermanas a las que valoro, respeto y quiero.
A mi Tío Henrry gran ser humano y uno de los mejores hombres que tuve la oportunidad de conocer.

Índice

PREFACIO

Vivimos en tiempos de cambio climático y crisis ambientales, las decisiones que tomemos como humanidad y lo que le pase al planeta durante los próximos diez a cuarenta años nos afectará a todos y nos debería interesar profundamente a todos.

Por el momento, la Tierra es nuestro único hogar. Es ahora cuando estamos empezando a ver afectados los lugares en los que habitamos, cuando vemos amenazada la existencia de nuestra propia especie. En este momento, no es claro el futuro de nuestros jóvenes o el de nuestras generaciones por venir, a diario afrontamos tragedias ambientales derivadas de la crisis climática, estamos sufriendo por enfermedades que se han transmitido de los animales a los humanos, la contaminación de la naturaleza, la degradación progresiva del mundo natural, la polución del ambiente urbano y la aniquilación de especies animales; mientras esto ocurre, es tan poca la información que llega de forma sencilla a las personas del común sobre las cosas elementales en cuanto a la defensa del mundo natural que por esto se vuelve fundamental saber y estar ambientalmente empoderados tener a la mano información del entorno ecológico, de sus conceptos básicos, de lo que está pasando, de cómo actuar, cómo ayudar, cómo contribuir a proteger a la naturaleza, a los animales y a nosotros mismos como humanidad.

El propósito de este libro es de carácter motivacional para enviar un mensaje ecológico constructivo que llegue al grupo más importante de la Tierra, la gente del común, la gran mayoría de la población humana que, además, tiene un creciente interés en cuidar el ambiente y sus seres vivientes.

No pretendo llegar a impresionar a eruditos ecologistas, activistas ambientales experimentados o llamar la atención de las elites intelectuales y académicas, pues, seguramente, ellos ya conocen el contenido de todos estos temas en profundidad. No pretendo formular nuevas teorías en el campo de la ecología o presentar informes estadísticos ambientales alarmantes; para eso en el mundo tenemos a las organizaciones científicas adecuadas. Lo importante es llevar el mensaje de la defensa ambiental a la gente normal del diario, vivir y poder comunicarles el conocimiento básico con el fin de plantar en su mente semillas de cultura ambiental para preservar la vida.

La defensa del ambiente de nuestro planeta nos concierne a todos como especie, por eso les hablo con carácter de urgencia a los que a diario trabajan, a los que estudian, a los jóvenes, también a las personas mayores; el mensaje va dirigido tanto para el que asiste al colegio, como para los universitarios o la señora que trabaja en el hogar. Es importante que el mensaje llegue al oficinista hombre o mujer de nivel alto, nivel medio y nivel bajo en cada organización, a los deportistas, los comerciantes, los educadores —eje muy importante de toda sociedad—, los que trabajan en las diferentes ramas del periodismo, las personas que trabajan en el mundo de la moda, los artistas, los músicos, los empleados gubernamentales y estatales, los que trabajan en las empresas de servicios públicos, desde el gerente hasta el más sencillo de los operarios, a los que trabajan en seguridad privada, a los que nos protegen a diario en el ejército y la policía, a los que un día se alzaron en armas, pero ahora buscan el camino de la paz, a los políticos honestos y decentes con una verdadera vocación de servicio y, en general a todas las personas que con sus diversas actividades le aportan a la sociedad.

Mi único anhelo con esta sencilla obra es poder transmitir los conceptos básicos en el entorno ecológico, sin olvidar la importancia de la relación que existe entre humanidad y naturaleza, con cuatro propósitos informar, despertar conciencia, motivar y empoderar para conseguir que la mayor cantidad posible de personas alcance un mejor nivel de conocimiento ambiental y se superen a sí mismos. Para que estén más conscientes y proyecten lo aprendido en la defensa del ambiente con el fin de restablecer y volver a unir los vínculos olvidados entre los humanos, la naturaleza y el entorno ambiental para que todos juntos hagamos la conexión, nos volvamos enamorar de los bosques, selvas, ríos, llanuras, etc. y desarrollemos empatía por los animales y cariño por los árboles. Para que podamos estar listos para intervenir activamente para proteger a cada ser viviente y, de ser necesario, actuar en la defensa ecológica del ambiente, porque al defenderlo también estamos defendiendo a la humanidad y a la vida como la conocemos en el planeta Tierra.

El autor

PRIMERA PARTE
ACTIVISTA

Sea usted el cambio que quiere ver en el mundo.
Mahatma Gandhi

En el año 2013, un grupo de valientes activistas medio ambientales de Greenpeace lograron evadir los sistemas de seguridad de la torre Shard de Londres, el edificio más alto de Europa occidental, para empezar a escalar por sus muros en un acto de gran arrojo y valentía. El plan consistía en desplegar una enorme pancarta artística en protesta por la explotación de crudo y probable destrucción del ecosistema Ártico por parte del poderoso gigante petrolero Shell, que, para la época, tenía tres de sus principales oficinas en Londres, incluida la sede mundial de la multinacional petrolera. En otras palabras, la enorme pancarta sería colocada en las mismísimas barbas de la petrolera Shell; de esta manera, se logró enviar un mensaje positivo al mundo y se le pudo demostrar a este gigante petrolero que existe un movimiento global de personas de diferentes partes, diferentes grupos y organizaciones ambientalistas con diversos credos y múltiples culturas que venían trabajando, y en la actualidad lo siguen haciendo a un mayor nivel, con iniciativas grupales o individuales. Personas que están creciendo en número, que piden a gritos evitar la destrucción de la naturaleza, que reclaman su protección y el paso a tecnologías con formas de producción de energías limpias para dejar atrás las tecnologías sucias o contaminantes.

Se necesita de mucha inteligencia, planeación estratégica en el tiempo y logística, pero, sobre todo, se requiere de un profundo valor y gran convicción con inmenso amor por el planeta y por nuestro futuro como especie para ir totalmente desarmados, lograr evadir los sistemas de seguridad de una poderosa multinacional, acto seguido escalar a las alturas de un famoso rascacielos, arriesgando la integridad personal, y ser capaces de completar con éxito la misión dejando un mensaje de esperanza muy claro en pro de la vida y la defensa de la naturaleza para que pudiera ser visto por el mundo entero.

La actuación heroica de los activistas tuvo un contundente golpe mediático que dejó muy en alto el mensaje por la defensa ambiental en la mente de millones de personas que, al igual que yo, vimos por la televisión en las noticias cómo personas muy valientes se arriesgaban por la defensa del planeta, lo que produjo un gran efecto, una reacción en cadena que generó muchas otras protestas y quejas en varios países del mundo. Debido a esto, Shell desistió de ir al Ártico por el impacto mediático, sumado a la imagen negativa que estaban consiguiendo y, con esto, a la probabilidad de que sus ventas se fueran al piso, pero también es justo decir que tuvieron que retroceder por las condiciones climáticas tan duras en ese ecosistema de la Tierra y esto fue un factor decisivo para que en ese momento la petrolera se rindiera; en otras palabras, la naturaleza hizo muy bien su parte para defenderse.

Hoy en día los que se atreven a levantarse para pedir el cambio son personas comunes que empiezan a velar por el cuidado de nuestros ecosistemas, de los animales, de la vegetación. Para ese momento específico en el año 2013, se luchaba por la defensa del ecosistema Ártico, pues hasta allá siempre pretenden llegar las petroleras a destruir, a contaminar y arrasarlo todo; su único fin es el de enriquecerse succionando el sucio y contaminante petróleo por el cual el mundo continuamente está en peligro de guerra.

«Activista» según se puede leer en algunos diccionarios y enciclopedias es la persona cuyas acciones y hechos se guían en pro de la humanidad, en pro del planeta y agregaría en pro de los demás seres vivientes.

Eso es activismo puro y quienes se arriesgaron en defensa del ambiente no tenían sus rostros cubiertos con capuchas como si fueran delincuentes. Por el contrario, estaban con la frente en alto en un acto noble que necesitaba de mucho coraje y valor, que buscaba promover un cambio y que, al mismo tiempo, no pretendía dañar ni perjudicar a nadie, tampoco se puso en peligro la integridad de terceras personas ni los bienes públicos o privados de nadie; este acto no fue hecho con violencia, pero sí buscaba enviar una señal simbólica clara y contundente de toma de conciencia sobre algo que está mal, algo que está destruyendo un eco sistema clave a nivel mundial que pone en peligro a todas las especies del planeta, incluida la especie humana y no solamente a las del Ártico, como se podría pensar.

Ser activista significa que ese hombre o esa mujer se mantienen activos ante las cosas que están ocurriendo en su entorno social, en su ambiente natural o urbano, con otras personas o con otros seres vivientes y hacen algo para remediar la situación negativa o lo que sea que esté pasando.

Ser activista significa romper paradigmas y romper viejas reglas preestablecidas para lograr los cambios que la sociedad, la naturaleza y el mundo necesita, pero sin dañar a nadie y sin quebrantar la ley. Un activista se enfoca en brindar apoyo o dar ayuda, un activista también protesta y hace presión pacífica continuamente desde varios frentes actuando en tiempo real para encontrar una solución.

Es por esto que muchos activistas son el centro de odios, rencores y señalamientos por parte de los que quieren seguir llevando a cabo sus acciones negativas en contra del planeta, en contra de otros seres humanos y en contra de otras especies de seres vivos, ya sea para beneficiarse económicamente o para mantener una posición de dominio que, en muchos casos, es desigual e injusta.

Un activista es un líder positivo por naturaleza, pero significa que por tus convicciones no le vas a caer bien a todo el mundo. Ser activista significa que algunas personas desatarán enorme odio contra ti por dejarlos en evidencia y por sacar a la luz sus trapos sucios; pero, por el contrario, millones te amarán, te reconocerán, te agradecerán y respetarán profundamente. Ser activista significa que tus acciones se rigen por la defensa de un bien mayor o por la lucha en pro de una causa noble. Ser activista significa que tu vida podría estar en peligro por decir la verdad y por exponer públicamente a quienes degradan el planeta, a quienes depredan sin piedad la naturaleza, a quienes maltratan a los animales. Un activista puede encontrarse en situaciones de riesgo por señalar a los que roban, a los que oprimen, esclavizan y se aprovechan de los demás.

Un activista siempre será un líder por naturaleza, una persona que lucha por proteger a los desprotegidos, por rescatar y proteger a otras especies de seres vivos, por crear conciencia en las personas sobre lo que está bien por encima de lo que está mal, sin importar el dinero para sí mismo, los beneficios económicos o los reconocimientos personales; un activista siempre será un valiente, alguien dispuesto a sacrificar sus propios intereses en pro de los demás, en pro de la naturaleza o los animales.

Un activista, sin importar en qué parte del mundo se encuentre o cuál sea la causa o bandera que defiende, siempre será un ejemplo a seguir por cualquier humano que busque inspiración para llenar su vida con hechos o acciones nobles y heroicas.

«El mundo, la naturaleza y los animales necesitan a más personas que lleven a un activista en su corazón».

¿Por qué debe serlo usted?

Una de las dificultades más grandes que enfrentan la naturaleza, los animales y el ambiente en el que todos vivimos a la hora de encontrar apoyo o ayuda es que la mayoría de las personas, aunque sean buenas y justas, siempre esperan a que sean otros y no ellos los que tengan que hacer algo, todos esperan a que alguien más dé un paso adelante, siempre esperan a que alguien sea el que levanta la mano para decir: «yo voy», «yo lo hago». En otras palabras, siempre se quedan esperando a que alguien más tome la iniciativa y sea el que meta las manos en el asador por ellos y por los demás.

La mayoría de personas esperan que sean otros los que actúen, que los demás hagan algo, que el Gobierno haga algo, que las entidades territoriales hagan algo, que los activistas hagan algo o que alguna organización ambientalista haga algo.

En casos de emergencias ambientales, cuando aparecen los ríos contaminados, los árboles talados, los ecosistemas destruidos, los animales maltratados o en situaciones injustas en las que se va a deteriorar el ambiente y a destruir a la naturaleza por dar paso a una construcción, al montaje de una empresa extractora y explotadora de recursos equis en cualquier actividad es muy común ver a las personas desesperadas preguntando, o casi gritando: «¿Es que no hay alguien que haga algo?».

Es precisamente esa actitud de esperar que alguien haga algo una de las grandes dificultades a la hora de proteger al ambiente porque los humanos no logramos darnos cuenta que nosotros somos alguien, pero sobretodo tenemos que comprender que somos alguien muy importante, que tenemos la capacidad de intervenir, que podemos preguntar y actuar para interponernos ante la injusticia. Tenga presente que usted puede expresarse o pronunciarse y hacer algo para que las cosas empiecen a cambiar.

Usted tiene la capacidad para oponerse ante las injusticias ambientales, usted tiene la fuerza interior que necesita para impedir que maltraten o golpeen a un animal indefenso, usted puede perfectamente proteger a los árboles que están próximos a ser injustamente talados; porque si no es usted, si no somos nosotros los que tomamos en nuestras manos las riendas y la iniciativa de actuar, de movilizarnos para hacer algo, si solamente nos quedamos mirando, esperando y pidiendo que otros actúen, entonces a las personas que no les importa la naturaleza, a los que no valoran la vida de los animales, aquellos a quienes los tiene sin cuidado el respeto por las otras formas de vida que habitan en el planeta, van a seguir tranquilamente matando sin piedad, pisoteando la naturaleza, talando los árboles, provocando quemas forestales y destruyendo todo lo que encuentren a su paso por la codicia del dinero sin pensar en el ambiente y en el futuro de todos nosotros.

«¡Nosotros necesitamos a la naturaleza, pero la naturaleza no nos necesita!»

Aunque para algunos la naturaleza y los animales les puedan parecer una cosa secundaria y sin importancia, en realidad son todo lo contrario porque el hombre históricamente ha necesitado y seguirá necesitando a la naturaleza para seguir viviendo, esto siempre ha sido así y siempre seguirá siendo así.

Si las emergencias ambientales provocadas por el hombre por culpa de sus actividades industriales y económicas sobre el ambiente se tornaran inmanejables porque no fuimos capaces de actuar en la dirección correcta para detener el cambio climático y, finalmente, se desatara sobre nosotros la ira de la naturaleza y las cosas se tornaran demasiado violentas o catastróficas, el hombre no podría adaptarse tan rápidamente para ir evolucionando a la par de los cambios naturales y, tal vez, en el peor de los escenarios, desaparecería gran parte de la humanidad (si no es que podría desaparecer toda). Mas en el caso contrario, si desapareciéramos como especie, la naturaleza está preparada para cambiar, para evolucionar y adaptarse a seguir adelante, y dar paso a nuevas especies como lo ha hecho siempre a lo largo de toda la historia evolutiva del planeta. Recuerde lo que le paso a los dinosaurios...

Puede ser usted quien con su valioso aporte ayude a enderezar el camino. Tenga siempre presente que en su interior habita una fiera gigante de proporciones increíbles que es capaz de ponerse en pie para defender al ambiente. Usted puede, si se lo propone, oponerse a las injusticias contra los animales, usted puede actuar de manera preventiva para detener las tragedias ambientales derivadas de la actividad humana. Tenga muy presente y nunca aleje de su mente el hecho verídico de que, si se lo propone, usted puede frenar los atropellos contra nuestro planeta.

«En su interior vive una fuerza muy poderosa, una fiera gigante indomable; esta fuerza, canalizada positivamente es capaz de alcanzar cualquier meta, es capaz de proteger a la naturaleza, al ambiente, a los animales y a nuestro futuro como especie.»

Lo mejor de todo es que para ayudar usted no tiene que ser el más atlético, la más bonita, él o la más inteligente, tampoco tiene que ser la persona que mejor se expresa en público, ni necesita tener un doctorado, tampoco tener títulos de grado en prestigiosas o renombradas universidades porque al momento de actuar en pro de la naturaleza estas cosas no son tan importantes, más bien son secundarias, ya que para proteger al ambiente o para actuar en pro de los animales lo primero que se necesita es la voluntad de hacerlo, luego necesita liberar el potencial que todos tenemos dentro y comenzar.

Por último, tenga en cuenta que usted no va a estar solo cuando de defender a la naturaleza se trata porque aunque son pocas personas, siempre habrá otros que también están listos para hacer algo. Habrá otros dispuestos a pararse en frente y actuar o de alguna manera ayudar, unos informando, otros planificando, otros expresándose, otros publicando en sus páginas y blogs por Internet, otros legislando dentro de los gobiernos, otros hablando con las personas para reunir fondos, otros haciéndose sentir y poniéndole el pecho a la situación en tiempo real en una protesta, etc. Búsquelos, júntese con ese tipo de personas para entrar en acción y nunca volverá a preguntar: «¿Es que no hay alguien que haga algo?»

Donde haya un árbol que plantar, plántalo tú, donde haya un error que enmendar, enmiéndalo tú, donde haya un esfuerzo que todos esquivan hazlo tú, se tú el que aparta la piedra del camino.
Gabriela Mistral

Si los hombres y mujeres no actuamos, no cambiamos, no intervenimos para prevenir o revertir los problemas derivados de la crisis climática, si nos esperamos a que otros sean los que hagan algo, entonces la naturaleza y su ambiente nos darán la más dura lección que la especie humana deberá aprender en toda su historia en este planeta. Le repito... recuerde lo que le paso a los dinosaurios.

¿Para proteger al ambiente, tengo que convertirme en una especie de fanático verde?

Nada puede estar más alejado de la realidad que ese viejo y anticuado estigma del siglo pasado de que los amantes de la naturaleza o los protectores del ambiente eran unos fanáticos medio locos que no se bañaban y que pasaban su tiempo fumando hierbas alucinógenas y abrazando árboles mientras andaban desnudos o semidesnudos; esos prejuicios hoy en pleno siglo XXI están muy lejos de ser ciertos porque un verdadero activista protector del ambiente es cualquier persona de cualquier edad, de cualquier estrato social, sin importar su sexo, su raza, su ideología política, su profesión, su identidad sexual, su religión, qué carrera universitaria está estudiando. Tampoco importa si no tiene grado académico, lo que en realidad importa es que interviene de alguna manera porque se preocupa y es consciente de la importancia de la preservación de la naturaleza, de los ecosistemas y del ambiente para nuestra generación actual y para las futuras generaciones que vendrán.

La edad no es un obstáculo para defender el ambiente

La edad que usted tiene no es importante al momento de proponerse nuevas metas y logros en la vida porque en nuestro interior llevamos una esencia muy poderosa que no es exclusiva de unos pocos, sino que está en todos nosotros, es una fuerza que si la exteriorizamos nos hace mejores, más decididos y además nos ayuda a conquistar metas que ni siquiera nosotros mismos creeríamos que somos capaces de alcanzar.

Esta fuerza es una mezcla de voluntad con creencia en uno mismo y nada tiene que ver con la edad que podamos tener en el momento actual, no importa si hemos llegado a una edad que muchos pueden considerar avanzada porque nunca es tarde para empezar algo nuevo o para defender una causa justa; del mismo modo, tampoco es importante si somos jóvenes sin experiencia porque si realmente tenemos un deseo ardiente de hacer las cosas, eso tampoco nos detendrá sea cual sea nuestra meta en la vida.

Un claro ejemplo de que la edad no es impedimento para defender a la naturaleza y su ambiente es la historia real de una pequeña niña que fue capaz de viajar muy lejos, desde su casa en Canadá, para llegar la Cumbre del Ambiente y Desarrollo organizada por la ONU (Organización de las Naciones Unidas) en Río de Janeiro, Brasil, en el año 1992 con el fin de hablar frente a los líderes mundiales de la época.

El nombre de la protagonista de esta historia es Severn Suzuki, quien para ese momento tenía solamente entre 12 a 13 años, pero su corta edad y prácticamente ninguna experiencia profesional como oradora ante grandes auditorios no fue impedimento para que la pequeña tuviera el valor de pararse frente a los líderes mundiales con el firme propósito de pronunciarse en pro de la naturaleza y los problemas que tiene la humanidad por las desigualdades en el mundo. Usted puede estar completamente seguro de que teniendo experiencia o mucho más difícil aún sin tener ninguna experiencia se necesita valor para pararse frente a un gran auditorio y con mayor razón cuando son personas muy importantes porque si no tenemos el coraje o la firme decisión para pronunciarnos, las piernas nos podrían temblar y la voz nos puede fallar por causa de los nervios, podríamos olvidar lo que vamos a decir o no seríamos capaces de leer apropiadamente y se perdería el mensaje que pretendemos entregar. Todo podría terminar siendo un hecho muy vergonzoso y un auténtico desastre que recordaríamos, lamentablemente, por el resto de la vida.

Pero la joven de una manera muy decidida, con gran convicción y confirmando que la edad no es impedimento dio uno de los más grandes discursos ambientales que en mucho tiempo se había escuchado, sus palabras fueron tan profundas que incluso hoy en día, después de varios años, sirven de inspiración para muchas personas que continúan viendo su vídeo y escuchando sus palabras en Internet.

Esas palabras fueron tan poderosas que impresionaron profunda y positivamente al escritor de este sencillo libro y por eso las comparto con todos ustedes:

Hola, soy Severn Suzuki y represento a ECO (Environmental Children's Organization).

Somos un grupo de niños de 12 y 13 años de Canadá intentando lograr un cambio: Vanessa Suttie, Morgan Geisler, Michelle Quigg y yo.

Recaudamos nosotros mismos el dinero para venir aquí, a cinco mil millas, para decirles a ustedes adultos, que deben cambiar su forma de actuar.

Viniendo aquí hoy, no voy a ocultar mi objetivo: estoy luchando por mi futuro. perder mi futuro no es como perder unas elecciones o unos puntos en el mercado de valores.

Estoy aquí para hablar en nombre de todas las generaciones venideras. estoy aquí para hablar en defensa de los niños hambrientos cuyo llanto es ignorado por todo el mundo. estoy aquí para hablar de los incontables animales que mueren en este planeta porque no les queda donde ir.

Tengo miedo de tomar el sol debido a los agujeros en la capa de ozono. tengo miedo de respirar el aire porque no sé qué sustancias químicas hay en él.

Solía ir a pescar en Vancouver, mi hogar, con mi padre, hasta que hace unos años encontramos un pez lleno de tumores y ahora sabemos que animales y plantas se extinguen cada día, y desaparecen para siempre.

Durante mi vida, he soñado con ver las manadas de animales salvajes y las junglas y bosques repletos de pájaros y mariposas, pero ahora me pregunto si existirán para que mis hijos los vean también.

¿Tuvieron que preguntarse ustedes estas cosas cuando tenían mi edad?

Todo esto ocurre ante nuestros ojos, y seguimos actuando como si tuviéramos todo el tiempo que quisiéramos y todas las soluciones.

Solo soy una niña y no tengo soluciones, pero quiero que se den cuenta: ustedes tampoco las tienen; no saben cómo arreglar los agujeros en nuestra capa de ozono; no saben cómo devolver los salmones a aguas no contaminadas. no saben cómo resucitar un animal extinto y no pueden recuperar los bosques que antes crecían donde ahora hay desiertos.

Si no saben cómo arreglarlo, por favor, dejen de destruirlo. Aquí ustedes son seguramente delegados de gobiernos, gente de negocios, organizadores, periodistas o políticos, pero en realidad son madres y padres, hermanas y hermanos, tías y tíos y todos ustedes son hijos.

Aún soy sólo una niña, y sé que todos somos parte de una familia formada por cinco mil millones de miembros, treinta millones de especies, y todos compartimos el mismo aire, agua y tierra, las fronteras y los gobiernos nunca cambiarán eso.

Aún soy solo una niña y sé que todos estamos juntos en esto, y debemos actuar como un único mundo tras un único objetivo, aunque estoy enfadada, no estoy ciega y aunque tengo miedo, no me asusta decirle al mundo cómo me siento.

En mi país derrochamos tanto… compramos y desechamos, compramos y desechamos y aun así, los países del Norte no comparten con los necesitados, incluso teniendo más que suficiente, tenemos miedo de perder nuestras riquezas si las compartimos.

En Canadá, vivimos una vida privilegiada, plena de comida, agua y protección, tenemos relojes, bicicletas, ordenadores y televisión; Hace dos días, aquí en Brasil, nos sorprendimos cuando pasamos algún tiempo con unos niños que viven en la calle y uno de ellos nos dijo: «Desearía ser rico, y si lo fuera, daría a todos los niños de la calle comida, ropa, medicinas, un hogar, amor y afecto». Si un niño de la calle que no tiene nada está deseoso de compartir, ¿por qué nosotros, que lo tenemos todo, somos tan codiciosos? No puedo dejar de pensar que esos niños tienen mi edad, que el lugar donde naces marca una diferencia tremenda, yo podría ser uno de esos niños que viven en las favelas de Río; podría ser un niño muriéndose de hambre en Somalia; un niño víctima de la guerra en Oriente Medio, o un mendigo en la India.

Aún soy solo una niña, y sé que si todo el dinero que se gasta en guerras se utilizara para acabar con la pobreza y buscar soluciones medioambientales, la Tierra sería un lugar maravilloso.

En la escuela, incluso en el jardín de infancia, nos enseñan a comportarnos en el mundo, ustedes nos enseñan a no pelear con otros, a arreglar las cosas, a respetarnos, a enmendar nuestras acciones, a no herir a otras criaturas, a compartir y a no ser codiciosos; entonces ¿por qué fuera de casa se dedican a hacer las cosas que nos dicen que no hagamos?

No olviden por qué asisten a estas conferencias: lo hacen porque nosotros somos sus hijos, están decidiendo el tipo de mundo en el que creceremos.

Los padres deberían poder confortar a sus hijos diciendo: «Todo va a salir bien», «Esto no es el fin del mundo» y «Lo estamos haciendo lo mejor que podemos». Pero no creo que puedan decirnos eso nunca más. ¿Estamos siquiera en su lista de prioridades? Mi padre siempre dice: «Eres lo que haces, no lo que dices». Lo que hacen me provoca el llanto por las noches.

Nos educan diciéndonos que nos quieren; los desafío: por favor, hagan que sus acciones reflejen sus palabras. Gracias.

El anterior discurso pertenece a Severn Suzuki, quien hoy en día es una gran ecóloga, activista en defensa del ambiente y el desarrollo sostenible.

Pasarían casi treinta años del emotivo discurso de Severn Suzuki para que otra joven lograra un enorme reconocimiento mundial como activista ambiental y fuera mucho más lejos en la lucha por salvaguardar la vida en el planeta.

Greta Thunberg es un claro ejemplo de alguien que, sin importar su corta edad, ha impactado positivamente al mundo por la defensa ambiental; ella se dio a conocer debido a una protesta que hizo completamente sola frente al parlamento de su país en Suecia.

Inicialmente, trató de entrar al parlamento con la idea de pedir a los líderes políticos más compromiso para combatir el cambio climático, pero al no ser escuchada porque no se le permitió la entrada a la sede gubernamental tomó la decisión de acampar frente al edificio todos los viernes hasta que fueran recibidas sus peticiones, de tal modo que empezaron a pasar los días y llamó la atención de la prensa. Inicialmente, fueron pocos periodistas, pero, con el pasar el tiempo, una gran cantidad de reporteros empezó investigar y se sorprendieron al ver que quien hacía la protesta era una joven que, para ese momento, no alcanzaba a tener 15 años de edad. Fue entonces cuando empezaron a salir los reportajes y las notas periodísticas; la historia creció, empezó a conocerse en todas partes del país e incluso corrió como pólvora en el exterior y llegó a la mayoría de medios de comunicación internacionales, lo que inmediatamente catapultó a Greta a la fama mundial.

Cuando se supo cómo logro hacerse escuchar en el parlamento de su país, empezaron a llegar las manifestaciones de admiración y las invitaciones para que fuera a hablar de ambientalismo a un lado y al otro. Fue así como creció su prestigio. En ese punto, Greta creó su propio movimiento ambientalista al que llamó Fridays for the future, el cual todos los viernes reunía a jovencitos de colegio después de clase para hablar y pedir mejores políticas de protección ambiental. El movimiento se hizo muy grande, luego se unieron los universitarios y, finalmente, gente de todas las edades, actividades y profesiones.

En uno de sus llamados a manifestarse por una gran huelga internacional contra el cambio climático, las personas salieron a la calle en ciudades de todo el mundo, se calcula fueron millones, esto era imparable. De ese modo y de una manera muy rápida Greta pasó a ser reconocida como una gran activista ambiental, sus palabras empezaron a ser muy importantes y a tener mucho peso.

Pero no pasó mucho tiempo para que el reconocimiento mundial y su noble cruzada en defensa del ambiente le trajeran problemas y críticas por parte de quienes niegan el cambio climático, quienes ven perjudicados sus intereses económicos, quienes sienten atacada su ideología política o incluso por parte de otros activistas ambientales que no están de acuerdo con cómo la niña viene desarrollando sus actividades y las de su movimiento ambientalista Fridays for the future.

En la medida en que Greta Thunberg se ha convertido en un referente del ambientalismo mundial y en una gran activista climática, también han empezado a surgir ataques que buscan desprestigiarla, minimizar sus palabras, decir que detrás de Greta lo que hay es un negocio por parte de su familia para sacar dinero a costa de su imagen o que su discurso está politizado y forma parte de una agenda partidista política, que por su corta edad no entiende las cosas y está siendo utilizada y manipulada.

Los ataques contra Greta eran de esperarse porque cualquiera que trate de proteger el ambiente va a chocar con los intereses económicos o políticos de alguien, aquel que pretenda pedir un cambio a nivel ecológico, social y ambiental va a ir en contravía de otros que por codicia y ambición desmedida hacen lo que sea necesario para que nada cambie, para que todo siga igual, y para conseguirlo son capaces de atacar o desprestigiar al que se les ponga en frente.

De Greta Thunberg hay mucho que decir y se podría escribir un libro entero, se dice que su vida la van a llevar al cine, además ya ha sido postulada al Premio Nobel de Paz, es una persona reconocida en todo el mundo y es muy seguro que vamos a saber mucho más de ella, por eso quiero compartir las profundas palabras que dijo en uno de sus mejores discursos hasta el momento: «El cambio viene, les guste o no».

En la Cumbre de Cambio Climático de Naciones Unidas de 2019, Greta Thunberg, con solo 16 años, envió un emocional y muy fuerte mensaje dirigido a los líderes del mundo reunidos en la ONU.

El discurso fue dado por ella en un evento alterno a la reunión de los líderes mundiales y tuvo una enorme difusión por los medios de comunicación de todos los países de tal forma que sus palabras fueron escuchadas por millones de personas en todo el planeta por lo que recibió interminables elogios pero también críticas como era de esperarse:

Mi mensaje es que los estamos vigilando, esto está todo mal, no debería estar aquí, debería estar en el colegio, al otro lado del océano.

41

Sin embargo, ustedes vienen a nosotros, los jóvenes, en búsqueda de esperanza, ¡cómo se atreven!

Me han robado mis sueños, mi niñez, con sus palabras vacías, y aun así, soy una de las afortunadas. Las personas están sufriendo, las personas están muriendo, hay ecosistemas que están colapsando.

Estamos en el inicio de una extinción masiva y lo único de lo que pueden hablar es sobre dinero y crecimiento económico. ¡Cómo se atreven!

Por más de treinta años, la ciencia ha sido clara; ¿cómo se atreven a mirar para otro lado? Las Naciones Unidas dicen que ustedes no están haciendo lo suficiente y las soluciones políticas aún no están ni cerca.

Ustedes dicen que somos héroes y que entienden la urgencia, pero sin importar lo triste o enojada que esté, no quiero creer eso, porque si ustedes realmente entendieran la situación y aun así no actúan, serían malvados y me niego a creer eso.

Reducir nuestras emisiones de gases de efecto invernadero a la mitad en diez años solo nos da un chance de 15 % de que la temperatura global no suba más de 1,5 grados y de que el mundo no sufra reacciones en cadena, irreversibles e imposibles de controlar por mano humana. Ese 15 % podrá ser aceptable para ustedes, pero esos números no incluyen puntos de no retorno, calentamiento global añadido por polución de aire tóxico o variables como la inequidad social o la justicia climática. Esa cifra también depende de que mi generación aspire miles de billones de toneladas de su dióxido de carbono de la atmósfera con tecnología que apenas existe. Esa cifra simplemente no es aceptable para nosotros, que tenemos que vivir con las consecuencias.

Para tener 67 % de chances de mantener el aumento de la temperatura global por debajo de los 1.5 grados (según los consejos entregados por el IPCC) tendríamos que haber dejado de emitir 420 gigatones de Co2 para el primero de enero de 2019. Hoy esa cifra ya bajó a 350 gigatones.

¿Cómo se atreven a pretender que esto se puede resolver haciendo lo mismo de siempre y algunas soluciones técnicas?

Los planes de máximo de emisiones de gases de efecto invernadero que proponen hoy les van a durar ocho años y medio. Después no habrá soluciones o planes que sirvan porque estas cifras son demasiado incómodas, y no han sido lo suficiente maduros para decir las cosas como son.

Nos están fallando, pero la gente joven está empezando a entender su traición.

Los ojos de todas las futuras generaciones están sobre ustedes y si eligen fallarnos, nunca se los perdonaremos.

No los vamos a dejar salirse con la suya, aquí y ahora es donde nos paramos en la raya.

¡El mundo está despertando y el cambio viene, les guste o no!

Gracias.

*El anterior discurso pertenece a Greta Thunberg.

Si estas personas tan jóvenes nos dieron ese maravilloso ejemplo de motivación y superación, quiere decir que todos nosotros sin excusas y sin importar qué edad tengamos actualmente podemos hacer mucho en defensa de la naturaleza y los animales, porque cuando nos lo proponemos, tenemos la capacidad de hacer cosas muy grandes.

El nivel de educación y la posición socioeconómica no son un obstáculo para defender la naturaleza

Era el año de 1979 cuando Jadav Payen, un hombre de origen humilde nacido en la ciudad india de Jordat, a sus 17 años de edad, estaba caminando por la ribera del río Branmaputra y, mientras paseaba, encontró cantidades de animales muertos, pero sobre todo reptiles; él no comprendía qué podría haber pasado, pero luego se pudo dar cuenta de que habían perecido por lo árido que se había puesto el terreno, lo que ocurrió por la falta de sombra. Comprendió que los animales estaban muriendo ante el calor abrazador. Para él, la imagen fue aterradora. Corrió y advirtió a las autoridades, quienes le informaron que debería sembrar bambú y le prestaron alguna ayuda para que hiciera una pequeña reforestación.

Para 1980, el gobierno de la época creó un programa con el fin de reforestar ochocientos mil metros cuadrados en un área cercana, allí estuvo colaborando Payeng como obrero, pero lamentablemente un tiempo después, el programa gubernamental terminó y el territorio seguía muy despoblado de árboles. Para él había sido muy poco, ese programa no era suficiente porque pensaba que faltaba mucho por hacer. Todos los obreros se empezaron a marchar, pues ya no había paga y él se quedó en aquel lugar completamente solo; entonces, por voluntad propia y sin que le pagaran un solo centavo, continuó reforestando porque quería ver que la naturaleza y la vida regresaran.

Debido a su situación económica, Jadav Payen nunca estudió y nadie le enseñó sobre defensa ambiental, pero con profundo amor y respeto por la naturaleza, con sabiduría popular, una gran convicción y mucho sentido común este hombre, en solitario durante más de tres décadas, y con la determinación suficiente, sembró con sus dos manos miles de árboles en un territorio dos veces más grande que el Central Park de Nueva York, y dio origen a un hermoso y enorme bosque que se llama Molai, como a él le gusta apodarlo.

Después de toda una vida y una cruzada personal increíble, Jadav Payen, con más de 50 años de edad, es el espíritu viviente de un enorme bosque que antes era solamente un árido banco arenoso rumbo a la desaparición. Este hombre, sin ayuda de nadie, cambió completamente el paisaje y lo convirtió en un paraíso lleno de vida para los animales y la población humana.

Si algo nos enseña la historia de vida de Jadav Payen es que jamás se debe subestimar o minimizar lo que puede hacer un solo hombre con determinación, alguien que sin estudios formales o superiores, sin dinero y armado únicamente con una férrea voluntad fue capaz de transformar un enorme territorio árido y estéril en una tierra llena de vida, en un oasis verde que produce oxígeno para el planeta y un refugio para muchas especies animales.

Hoy en día, la India goza de una reserva natural llena árboles y vegetación, además allí habitan en libertad aves y toda clase de hermosos animales. Lo que antes era una pequeña isla desértica que estaba desapareciendo en medio del río

Branmaputra cambió completamente para convertirse en un ecosistema rebosante de vida, pero lo realmente sorprendente es que todo este paraíso natural fue plantado con las manos de un solo hombre durante treinta y cinco años de su vida.

Jadav Payen, con su obra, ha inspirado a muchas personas en todo mundo y su historia se ha contado en varios documentales, diversos artículos han sido escritos en periódicos, publicaciones ecológicas y blogs alrededor del planeta. Este hombre es un ejemplo viviente de determinación que mostró al mundo como una sola persona sin estudios formales, sin dinero y sin ayuda de nadie logró cambiar un gigantesco territorio estéril por un oasis lleno de vida.

Derribar barreras mentales por el ambiente y la naturaleza

En muchas ocasiones, al ver las noticias ambientales, al enterarnos de que algunas cosas no marchan bien o al ver alguna clase de maltrato contra un animal indefenso pensamos que podríamos actuar de alguna forma y que nos gustaría tener la satisfacción de contribuir para arreglar algo que sabemos que no está bien o no es correcto. Pero, lamentablemente, no nos movemos y no hacemos nada debido a esas murallas mentales que nosotros mismos nos ponemos en frente y que nos impiden actuar.

Son esa clase de murallas mentales las que no dejan que podamos aportar a la construcción de un mundo mejor donde podríamos conseguir nobles ideales, como hacer nuestro pequeño o gran aporte a la protección de los animales, la reforestación de árboles en zonas despobladas o contribuir a descontaminar con un grupo de amigos los mares y ríos, entre muchas otras causas nobles en donde la naturaleza necesita de nuestra ayuda.

También están las metas personales que no son menos importantes, como viajar para a conocer una cultura distante, estudiar lo que en realidad nos gusta, trabajar en lo que en realidad nos da alegría o cualquier tipo de meta que esperamos llegar a conseguir en la vida. Pero, tristemente, nosotros mismos nos quitamos esa oportunidad de alcanzarlo por culpa de la película negativa que creamos en nuestra propia mente llenándonos de limitaciones que nos impiden lograr esos nobles objetivos en pro del ambiente o esas valiosas metas de vida que nos van a dar satisfacción y crecimiento a nivel personal.

Cuando de intervenir en favor de la naturaleza se trata siempre queremos actuar para poder ayudar, pero entonces nos ponemos toda clase de excusas y pensamos que no somos capaces de hacer algo importante, o que para que nos esforzamos si los problemas ambientales son tantos y tan grandes que nuestro esfuerzo será muy poca cosa, creemos que solos no vamos a poder cambiar nada y limitamos nuestras propias capacidades.

No permita que las barreras de la mente lo alejen del noble objetivo de defender la naturaleza o de cualquier otra meta que usted quiera realizar en su vida

Lo primero que debemos hacer es no permitir que el pesimismo y la negatividad nos pongan barreras en la mente para poder actuar en pro de una causa noble como la defensa ambiental.

Lo segundo es alimentar nuestro cerebro con información veraz y positiva sobre cómo podemos intervenir, cómo contribuir desde el lugar en el que nos encontramos, y, finalmente, decidirnos y tomar una actitud firme para movilizarnos y ayudar.

¡Es tan simple y sencillo como eso!

El ambiente necesita de usted ahora

Cualquier propósito, cualquier meta, plan o proyecto importante que usted tenga para su vida debe empezar a desarrollarlo lo más rápido posible, hoy mismo, en este preciso momento, sin poner excusas ni aplazamientos porque poner acción es una de las fórmulas más exitosas para derrotar el miedo y triunfar en la vida.

Con mayor razón, cuando del ambiente estamos hablando, la naturaleza nos está pidiendo a gritos apoyo, nos pide ayuda, nos está pidiendo protección; en este mismo momento, mientras usted lee este libro, una enorme variedad de especies silvestres están al borde de la desaparición, varios ecosistemas del planeta están en peligro. La lista de lo que sucede es interminable y perjudica enormemente al planeta: la desaparición de ríos y afluentes hidrográficas que a diario son secados o contaminados para explotación de algún mineral o combustible fósil, la tala indiscriminada de árboles, el sufrimiento diario y la muerte de millones de animales de las especies domésticas para consumo (en realidad, especies esclavas) utilizadas y consideradas como cosas para la agricultura animal, etc.

Todos estos eventos que están pasando a diario y que van empeorando o agravando el problema del cambio climático, sumados a múltiples formas de contaminación, inevitablemente vienen haciendo que muchos ecosistemas colapsen; ¡son tantos y tantos atropellos en contra de la naturaleza y su ambiente que hacen imprescindible que usted actúe ahora!

¡Es ahora cuando usted tiene que involucrarse!, es en este punto de la historia cuando se necesita que las personas intervengan sin posponer para otro día, sin esperar más, porque la defensa del ambiente, los animales y la naturaleza lo necesitan ahora.

SEGUNDA PARTE
LA DEFENSA DE LOS QUE NO TIENEN VOZ: LOS ANIMALES

Quien es cruel con los animales, no puede ser buena persona.
Arthur Shopenhauer

El hecho de que los animales no posean el mismo nivel de conciencia y el mismo nivel de inteligencia humana no nos da el derecho de hacer con ellos lo que nos plazca.

Conciencia e inteligencia

Los animales tienen conciencia e inteligencia en diferentes grados o niveles de acuerdo con la especie. Este reconocimiento ya fue hecho oficialmente por la comunidad científica.

Aunque esto puede parecer una primicia para muchos lectores, la realidad es que el reconocimiento de que los animales son inteligentes y además tienen conciencia fue hecho en el año 2012 en la prestigiosa Universidad de Cambridge por la comunidad científica en general.

Declaración de Cambridge sobre la conciencia

Un nutrido grupo de científicos del más alto nivel y de diversos campos o ramas de la investigación, entre los que se encontraban especialistas en áreas del saber cómo la Neuroanatomía, también investigadores Neurocientíficos, personas de mucho prestigio preparadas en el campo de la Neurofisiología y profesionales del área computacional, entre otros campos del conocimiento, se reunieron para discutir en una serie programada de encuentros científicos y académicos de carácter presencial. Además, se hicieron variados debates *online* con la finalidad de redefinir el concepto de que la conciencia no es exclusiva de los animales humanos, sino que puede encontrarse en diferentes grados o niveles en los animales no humanos (otras especies), porque estos últimos tienen en el cerebro los sustratos que conducen a la conciencia, de tal modo que los seres humanos no son los únicos habitantes del planeta dotados con esta singular capacidad.

El grupo de eruditos, basándose en estudios no invasivos, debates y observación científica en diferentes especies animales, pudo demostrar, sin riesgo a equivocarse, que algunos conceptos anticuados que las personas tenían sobre la conciencia y cuestiones que creían exclusivas de los humanos, tales como las emociones o la toma de decisiones, también se pueden presentar en otras formas de vida, lo que redefinió la idea equivocada de que los animales son seres prácticamente inconscientes que actúan exclusivamente por instinto.

A este grupo se unió el mundialmente respetado científico Stephen Hawking (Q. E. P. D.), uno de los hombres más inteligentes que el mundo ha conocido, quien también respaldó la declaración.

Finalmente, para el año 2013, por medio de un miembro del Congreso de Estados Unidos, se envió y se confirmó que fue recibida una copia del documento oficial conocido como «Declaración de Cambridge Sobre la Conciencia» al presidente de la época en ese país, Barack Obama.

Entonces, nos queda preguntarnos:

¿Por qué la mayoría de las personas en el mundo desconoce esta información?

¿Por qué no se hacen campañas de información masiva en los medios de comunicación de todos los países para que la gente en todas partes comprenda que los animales en diferentes grados según la especie, al igual que los humanos, (no al mismo nivel que una persona) también tienen conciencia e inteligencia?

Tal vez, la respuesta sea monetaria y con profundas raíces en el especismo de muchos humanos, pero especialmente en los que se benefician económicamente de los negocios derivados de la explotación de los animales.

Lo que pasa hoy con los animales es algo muy parecido a lo que ocurrió en diversas épocas cuando humanos esclavizaban a otros humanos como consecuencia de las guerras, pero también en una era muy oscura de la historia humana se perseguía a personas de África por su incapacidad para luchar y defenderse en igualdad de condiciones contra sus captores, quienes los veían como inferiores por su color de piel. Estas personas eran capturadas y esclavizadas, desconocían todos sus derechos como seres humanos e incluso se negaba que tuvieran el mismo nivel de inteligencia que los hombres y mujeres de raza blanca.

Los amos blancos, dueños de esclavos negros, negaban que estos fueran inteligentes o que tuvieran derechos y por eso podían hacer con ellos lo que se les diera la gana.

Es exactamente igual a lo que hoy en día pasa con los animales, porque si aceptamos que los animales son seres conscientes en diversos grados según la especie, si aceptamos que también tienen diversos niveles de inteligencia, que tienen cierto nivel de conciencia del entorno que los rodea, que son capaces de tomar diferentes decisiones de acuerdo con la situación que se les presenta y que muchas especies son capaces de sentir y expresar emociones como felicidad, enojo, miedo, etc., eso nos lleva a la conclusión de que no son simples entes biológicos que van vagando por el mundo. Es entonces cuando, finalmente, comenzamos a asimilar y aceptar que ellos también tienen ciertos grados de inteligencia y emociones, que pueden expresar amor, que pueden sentir dolor emocional, que pueden sentirse aterrorizados, y como consecuencia de todo lo anterior finalmente llegamos a la conclusión de que no es justo esclavizarlos y tratarlos cruelmente, tampoco está bien encerrarlos para llevarlos a mataderos, no es correcto quitarles la libertad para exhibirlos en zoológicos o en circos, no es justo criarlos para luego llevarlos a la tortura y muerte en una plaza de toros. Y esos son solo algunos ejemplos entre tantas atrocidades y atropellos más que cometemos contra los animales.

Aceptar que diversas especies animales tienen conciencia e inteligencia y que esto no es algo exclusivo de los humanos nos llevaría a tener que aceptar también que la justicia para con todos los animales pasa por otorgarles su libertad, darles el respeto como habitantes del planeta, que merecen vivir sus vidas tranquilos y en paz al igual que los humanos porque no es justo lo que hacemos hoy con los animales.

Especismo

Por cientos o tal vez miles de años la especie humana ha luchado contra la discriminación en todas sus formas. La separación entre los humanos y el desprecio de unos hacia otros por diferentes motivos ha causado mucho dolor y sufrimiento a lo largo del tiempo. Todo se debe a la terrible tragedia que significa ser menospreciado o perseguido y maltratado por su sexo —lo que implica el sexismo—, por su raza —lo que implica el racismo—, por su orientación sexual —lo que implica la homofobia— o por sus creencias espirituales —lo que implica la intolerancia religiosa—, y muchas clases de discriminación más.

De igual manera, por casi la misma cantidad de tiempo viene ocurriendo una muy grave forma de marginación, el especismo, que es la más horrenda forma de discriminación y abuso de una especie de seres vivos en contra de otras especies de seres vivientes.

El especismo ha hecho creer que los humanos o la especie humana puede utilizar y aprovecharse de otros seres vivientes sin tener la menor consideración para con el dolor o sufrimiento de dichas especies, los hemos tratado como si fueran cosas u objetos con los que podemos hacer lo que queramos para beneficio propio o por puro capricho.

El especismo es totalmente injusto y arbitrario, ya que si los humanos consideran que tienen derecho a vivir y a que sean respetadas sus vidas, ¿por qué piensan que debería ser diferente para con otros seres vivos que comparten el mismo planeta y que han vivido por miles de años al lado de la especie humana?

Todos los seres humanos por igual merecen el mismo respeto, no importa si unos son más inteligentes o hábiles que otros en diferentes aspectos de la vida.

Teniendo muy presente el anterior razonamiento, y si fuéramos una especie justa, lo podríamos aplicar también a los animales; entonces, ¿qué le da el derecho a la especie humana para explotar sin compasión y sacar provecho de otras especies porque no tienen el mismo nivel de inteligencia o habilidad humana?, ¿dónde está nuestra humanidad si pensamos que por nuestra inteligencia podemos maltratar, abusar, torturar, quitarles la libertad, experimentar y utilizar a otras especies para nuestro beneficio personal o dicho en otras palabras como se nos antoje?

El pensar que otros seres vivientes son cosas o, como los llaman los economistas y las grandes corporaciones, «recursos» ha traído mucho dolor a los demás seres vivos que están a nuestro lado en el planeta y viene perjudicando de manera muy grave a la misma especie humana. Porque no es equivocado pensar y decir que, por radical especismo y para sacar beneficio económico, industrias como las cárnicas son causantes de acelerar y agravar el problema del cambio climático y, además, en gran proporción, también la contaminación de la tierra y el agua, algo que nos afecta a todos.

Por radical especismo los humanos han desconocido el derecho que tienen otros seres vivos no humanos a sus territorios, a su espacio para vivir, les han profanado sus hábitats y desbalanceado los ecosistemas. Y de paso, ese especismo nos ha puesto a todos nosotros, a la propia humanidad, en serio peligro por la crisis climática.

Por especismo piensan que es correcto matar anualmente a miles de focas, zorros, perros, gatos y muchos animales más que están totalmente indefensos, para hacer abrigos y otros productos con sus pieles, por esa maldad especista algunos humanos miserables creen que pueden viajar a África y pagar por disparar, para matar a seres vivientes que están completamente desprevenidos del individuo cobarde que desde lejos les apunta con un arma, por ese cruel especismo piensan que es correcto quitarles la libertad a los delfines, ballenas, leones, tigres, y miles de animales más para exhibirlos en zoológicos, circos y espectáculos marinos, condenándoles a una vida de encierro perpetua.

Ese brutal especismo es el que hace que se piense que es correcto realizar toda clase de experimentos bárbaros con las demás especies de seres vivientes que están a merced de la especie humana y que no pueden hacer nada para impedirlo.

Somos humanos, la especie dominante sobre este planeta, podemos empezar a cambiar la óptica salvaje y egoísta con que hemos sido educados durante mucho tiempo y podemos demostrar el maravilloso ser que llevamos dentro, demostremos nuestra humanidad utilizando nuestro papel como primera especie sobre la Tierra para proteger, no para matar, destruir y depredar.

¿Los animales son cosas?

Históricamente, los animales han sido considerados por parte de los humanos como propiedades sin derechos, han sido igualados a la categoría de «cosas». En las constituciones de muchos países del mundo se habla de los animales como muebles y enseres (semovientes), pero en la actualidad se viene dando un debate en diferentes partes del planeta planteado por los animalistas, los vegetarianos, los veganos y por millones de personas del común que, sin declararse directamente como defensores de animales, comprenden y han abrazado la idea de que los animales son seres sintientes y no cosas inanimadas que se pueden igualar a simples objetos o a los muebles y enseres de una casa.

Si profundizamos en el asunto, es importante tener en cuenta que los animales, además de ser seres sintientes, también son seres con conciencia, esto último no lo decimos por puro capricho o por afinidad para con los animales, lo afirmamos apoyados en la declaración hecha de manera pública por la comunidad científica en general a través del documento conocido como «Declaración de Cambridge sobre la conciencia», en el que, como ya lo mencionamos anteriormente, se da a conocer al mundo que los humanos no son los únicos seres conscientes, sino que se otorga reconocimiento a los animales como seres con diferentes grados de conciencia.

Viendo este asunto desde una perspectiva racional, es prácticamente imposible decir que un gato, una vaca, un perro, una cabra o un cerdo, entre muchos otros animales, son cosas inanimadas o entes que se pueden equiparar a un ladrillo o una silla. No se necesita tener un elevado nivel educativo para comprender que un animal no puede ser tratado como un objeto, resulta absurdo igualar a los animales con muebles y enceres o decir despectivamente que son cosas.

El problema de tener que reconocer que los animales no son cosas que nos pertenecen, el problema de aceptar la sentencia y la conciencia de los animales radica en un asunto de tipo sociocultural, pero sobre todo en un enorme asunto del tipo económico y monetario en donde gigantescos intereses económicos representados por multinacionales, también por pequeños y grandes hacendados o terratenientes y, además, por un gigantesco andamiaje económico de poderosas cadenas de supermercados y pequeñas tiendas al por mayor y al por menor han centrado históricamente su economía en la explotación por parte de la especie humana sobre otras especies habitantes del planeta, sobre los que llamamos animales para consumo.

Desde el mismo momento en que tratamos a los animales como cosas, como nuestras propiedades, como semovientes que se compran o se venden los hemos convertido en nuestros esclavos modernos y lo peor es que la mayoría de las personas ni siquiera han tomado conciencia de esto.

Es así como los humanos tienen esclavos en la ganadería para cría o consumo, esclavos enjaulados en plazas de mercado destinados a ser mutilados para masticarlos y tragarlos, esclavos en la agricultura para trabajos forzados, esclavos en los zoológicos y circos destinados a espectáculos de entretención, esclavos destinados a tortura y sacrificio en actividades como la tauromaquia, esclavos para toda clase de peleas (por ejemplo, peleas de perros, gallos) y un sinnúmero de cosas terribles que hacemos a los animales en diferentes partes del mundo. Estas actividades siempre provocan encierro, dolor y sufrimiento para ellos.

Algún día, será palpable lo absurdo de la creencia humana, casi universal en esclavizar a los animales.

*Recién entonces habremos descubierto nuestras almas
y seremos dignos de compartir este planeta con ellos.*
Martin Luther King

¿Considera usted que los animales son cosas?

¿Podría usted decir que es correcto lo que los humanos les hacen a otros habitantes del planeta no humanos?

Tiene que llegar el momento en que empecemos a respetar a los animales y ese momento será cuando despertemos, cuando dejemos de lado equivocadas costumbres y tradiciones socioculturales que ya no funcionan en la época actual.

Habremos avanzado colectivamente como especie
cuando comencemos a dejar de ver a los animales
como cosas, como propiedades (semovientes), cuando
la humanidad comprenda que, al igual que nosotros,
las demás especies que habitan en el planeta al
lado de las personas están aquí para vivir sus vidas
tranquilamente, no para ser esclavizadas y torturadas
por los humanos. Habremos avanzado cuando
entendamos que nuestro deber como la primera especie
sobre el planeta es el de protegerlos y darles su libertad.
Llegado ese momento, será una señal inequívoca
de que habremos evolucionado personalmente
como humanos y colectivamente como especie, tal
vez será el momento en que las guerras terminen y
empecemos a dejar de agredirnos entre nosotros,

porque cuando seamos capaces de respetar a otras especies comprenderemos, finalmente, que podemos respetarnos, que podemos vivir sin conflictos y en perfecta armonía en este planeta.

Ejemplos de especies animales que padecen gran sufrimiento o están en serio peligro de extinción

En la actualidad, son muchísimas las especies en peligro de extinción o en gran sufrimiento por culpa de las actividades de los humanos directa o indirectamente, al punto de que algunos científicos están dando una voz de alerta sobre una sexta extinción masiva de especies porque diariamente están desapareciendo a una velocidad cien veces mayor de lo que es normal.

Debido a que son tantas las especies en problemas compartiremos, algunos ejemplos puntuales, considerados muy graves, de lo que está ocurriendo con los animales para que tengamos una idea de este enorme problema.

Lo anterior no quiere decir que no existan otras especies en peligro o que sean menos importantes que las que se eligieron; el problema es tan grave y son tantas las especies en peligro que se podría escribir todo un libro dedicando capítulos enteros a cada especie y narrando, además, el sufrimiento que están afrontando actualmente. Es por esa razón que escogimos unas cuantas para conocer su padecimiento y que sirvan como ejemplo real de todas las especies que vienen necesitando especial atención y mucha protección por parte de todos nosotros.

León, el rey está en peligro

El rey de África, el imponente felino de rugir estremecedor, el protector de su familia, el único e inigualable depredador está en peligro de desaparecer para siempre de las estepas africanas.

Cada día que pasa, sus territorios se hacen más pequeños. Cada día que pasa, la competencia se hace más difícil. Hora tras hora, los lugares a donde ir desaparecen y conseguir el sustento es una tarea más y más compleja.

Según National Geographic, hace cincuenta años atrás, para la década de los famosos años sesenta del siglo pasado, en el mundo había unos cuatrocientos cincuenta mil leones viviendo en libertad en el África salvaje de aquellos tiempos; pero en el lapso de la vida de un hombre, esa cifra se redujo dramáticamente a solo 20.000 leones aproximadamente viviendo libres por las estepas africanas.

Si reflexionamos sobre estos números, podremos darnos cuenta de que asisten más humanos a un partido de fútbol que los leones que caminan libres por el mundo; es espeluznante pensar que en tan poco tiempo una de las especies más hermosas y magníficas que ha caminado por el planeta esté en vías de extinción y a punto de desaparecer, pero a muy pocos parece importarle.

¿Qué pasó?

¿Por qué en ese pequeño espacio de tiempo los leones de África han llegado a números críticos y su población ha disminuido tan dramáticamente?

Las causas no son pocas y el problema de la desaparición de los leones es muy serio, ya que tienen que enfrentar dificultades en todos los frentes.

El aumento de la población humana ha hecho que los campos para siembra y pastoreo aumenten y los territorios para los felinos disminuyan paulatinamente. Eso los ha ido arrinconando en zonas cada vez más pequeñas, y llevó a los diferentes clanes de leones a competir ferozmente por los territorios que se les está dejando. Debido a esto, se ven obligados cada día y con mayor frecuencia a enfrentarse por subsistir y prevalecer.

De otro lado, los cazadores furtivos los persiguen para mantener un comercio ilegal, malévolo y sin misericordia que anualmente cobra cientos de vidas y no solo de los leones y todas las clases de felinos, sino también de muchas otras especies de animales.

Como si no fuera suficiente con la caza ilegal, en muchos países de África es permitido cazar estos magníficos animales con algunas restricciones. Pero el simple hecho de que se permita la cacería ya es un mal de marca mayor, pues los leones son de los pocos felinos sociales que existen y cada vez que se caza a un miembro de uno de sus clanes se ve afectada toda la manada y el daño es prácticamente irreparable.

La maldad, inconsciencia y frialdad de los cazadores del mundo occidental, personas adineradas que con su dinero pagan a los gobiernos y aldeanos de los países africanos para que se siga permitiendo la caza de estos magníficos felinos y muchos otros animales no tiene límites. Realmente es muy triste ver sitios en Internet dedicados a promover la cacería y muerte de estos maravillosos animales, dando precios, anunciando cuánto cuesta el *tour* para matar y cazar leones, presumiendo con sus licencias legales como si cometer ese crimen estuviera bien. Para todo esto, utilizan publicidad con palabras como «excitante», «deporte», «aventura».

Y lo peor es que ahora, al parecer, también los diferentes grupos terroristas y guerrilleros de África están optando por entrar en el negocio del contrabando ilegal de pieles de diferentes felinos, cuernos de rinocerontes, colmillos de elefantes, todo para comprar armas y mantener sus guerras.

Es la suma de todos estos eventos trágicos lo que tiene a los leones al borde de la desaparición.

Pero entonces, ¿qué hacer?, ¿cómo actuar?, ¿cómo ayudar?

Lo primero que se tiene que hacer es informar a la mayor cantidad de personas sobre lo que está ocurriendo, eso ya es un buen comienzo. También se puede buscar toda la información sobre sociedades o grupos que buscan y procuran la protección de los leones. Una vez identificados estos sitios o asociaciones, ayudar de la manera que a cada persona le sea posible. No solamente se trata de donaciones de dinero, sino que con promover sus portales de Internet y la información que de ellos sale se presta una gran ayuda, para eso se pueden utilizar las redes sociales.

Los leones son seres esplendidos de la Tierra y así como nosotros queremos y merecemos vivir felices en el planeta, ellos también merecen seguir viviendo libres y tranquilos sin que les arrebaten la vida.

Ellos merecen y tienen el derecho legítimo a vivir como ancestralmente lo han hecho en las sabanas africanas.

Ballenas, los últimos gigantes de los océanos

Enormes e imponentes, las ballenas son los últimos gigantes de los océanos. Tienen un canto casi mágico que para muchos humanos es místico y muy relajante; no obstante, la realidad es que todas las ballenas emiten sonidos que podríamos equiparar a los del radar de un barco y les sirven para ecolocación, o sea para moverse en las profundidades del mar. Pero además de esto, algunas de ellas cantan, en especial las jorobadas o yubartas, cuyo canto es muy enigmático y especial. Estos cantos pueden ser escuchados a muchos kilómetros de distancia y se producen, sobre todo, en las épocas de apareamiento. En el momento previo a cantar, comienzan a emitir sonidos en tonos muy graves mezclados con lo que podríamos llamar lamentos de una manera muy armoniosa, estos cantos duran varios minutos y en algunos casos se han contabilizado secuencias de hasta media hora de duración en una sola tonada, que nunca son repetitivas. Aun después de haber hecho muchos estudios, todavía la ciencia tiene mucho por enseñarnos y nosotros, como personas del común, tenemos bastante por aprender.

Las ballenas forman parte de una rama evolutiva de los cetáceos y son mamíferos que miles de años atrás regresaron al mar y adaptaron su vida a los océanos, aunque sus ancestros vivieron en tierra (hoy en día, algunos científicos sostienen que la evidencia acerca de si las ballenas tuvieron ancestros terrestres no es concluyente).

El término «ballena» es utilizado por los humanos para referirse a estos enormes animales de manera genérica, pero lo cierto es que existen varias clases diferentes de ballenas. La clasificación más significativa que tenemos que saber es que están divididas en dos grandes grupos. Las dentadas son las que poseen dientes o dentadura que utilizan para atacar y rasgar a otros animales, pero a pesar de tener dientes, no mastican, sino que tragan enteras a sus presas y son el grupo más peligroso, entre estas encontramos: cachalotes, ballena narval, ballena piloto, ballena franca y beluga, entre otras.

En el otro grupo, encontramos a las barbadas o barbudas, llamadas así por los enormes filamentos a manera de barba que utilizan para filtrar el alimento. Entre estas encontramos: ballena gris, ballena yubarta o jorobada, ballena boreal y la ballena azul, entre otras.

Estos enormes animales tienen grandes diferencias de acuerdo con grupo al que pertenezcan, pero de manera general podríamos decir que las más grandes pueden llegar a medir entre dieciocho y treinta metros de largo y pueden llegar a alcanzar un peso de entre cuarenta y más de cien toneladas. Si pensamos en esos números, nos damos cuenta de que llegan a alcanzar un tamaño y peso mayor al de muchos camiones de transporte pesado que conocemos.

Las ballenas, los últimos gigantes de los océanos, están en un peligro inminente de extinción. Se encuentran en vías de desaparecer y la razón principal no es otra que la persecución a la que son sometidas por las empresas balleneras y la contaminación industrial de sus hábitats por las petroleras y otras grandes fábricas. Es algo muy difícil de comprender, pues si meditamos al respecto, las ballenas no tienen depredadores naturales que las amenacen, pero de todas maneras están desapareciendo y esto es debido a que el hombre se ha convertido en un depredador y las tiene al borde de la desaparición.

En siglos pasados, el hombre cazaba las ballenas de manera artesanal, para la subsistencia de sus clanes familiares, pero con el desarrollo tecnológico ha ido aumentando considerablemente la cantidad de animales cazados a un nivel que no es sostenible para que las diferentes clases de ballenas se recuperen, sobre todo las grandes especies de ballenas, que son las que en mayor peligro se encuentran. En el año 1946, se fundó la Comisión Ballenera Internacional, un organismo cuya finalidad es regular la caza y el comercio de ballenas para su protección y conservación, Pero países como Islandia, Noruega y Japón no se acogen a sus regulaciones y por el contrario promueven una caza supuestamente controlada, que es la gran culpable de que estos gigantes del mar estén desapareciendo. Y si a este problema le sumamos la caza ilegal y la contaminación medioambiental, es fácil darse cuenta por qué las ballenas se encuentran en peligro inminente de desaparecer.

Grupos ambientalistas como Greenpeace y la sociedad conservacionista Sea Sheperd, históricamente han luchado de manera valerosa pero muy desigual contra las empresas multinacionales pesqueras de ballenas, que son las que están llevando al aniquilamiento a estos grandiosos animales.

Todos podemos ayudar, no importa el lugar del planeta en el que vivamos, no importa si vivimos al lado del mar o si vivimos a miles de kilómetros de la costa. Todos los humanos pueden hacer presión social para con esto lograr que cada vez más personas estén informadas y tomen conciencia sobre este grave problema, todos pueden dar apoyo a los diferentes portales que actualmente existen en Internet que protegen a las ballenas, todos puedes brindar apoyo a los diferentes grupos conservacionistas alrededor del mundo que se encuentran en los océanos en el frente de acción dando la batalla por proteger a las ballenas.

Todos podemos ser creativos, ponernos en acción y de una manera u otra ayudar a los últimos gigantes de los océanos.

La mariposa monarca, una increíble travesía

La mariposa monarca es la gran protagonista de una de las aventuras más emocionantes y muchas veces dolorosas del mundo natural, estos bellos seres vivientes hacen una épica travesía que ocurre cada cuatro generaciones.

En general, la vida de todas las especies de mariposas es de más o menos veinticuatro días, pero la espectacular mariposa monarca de la cuarta generación supera en longevidad a las otras especies y pueden llegar a vivir, en promedio, ocho a doce veces más, lo que les da un periodo extendido de vida que está entre los seis y los nueve meses; los humanos de hoy en día viven, en promedio, unos ochenta años, si tuvieran la longevidad de las monarcas multiplicaríamos ochenta por doce y nos daría la espectacular cifra de novecientos sesenta años de vida, conocimiento y sabiduría.

Es la cuarta generación de monarcas la que realiza la épica aventura. Esa generación, de manera única y especial llega a vivir mucho más tiempo que las demás especies de mariposas y que las predecesoras de su misma especie, eso hace posible el extenso viaje de entre cuatro mil y cinco mil kilómetros, con el que atraviesan un continente y viven un sinfín de peligros y aventuras.

El viaje tiene su razón de ser por la llegada del frío e inclemente invierno. Comienza desde los bosques de Canadá y los Estados Unidos, se extiende por toda Norte América, y conforma, así, la migración más grande y larga de cualquier otra especie de insectos en el planeta.

Recorriendo ciento cincuenta kilómetros a diario, este pequeño y delicado ser va viajando en grupos enormes sorteando miles de amenazas y dificultades, como la contaminación ambiental, construcciones en medio de sus rutas migratorias, la tala indiscriminada y clandestina de los árboles.

El peor enemigo al que se ven enfrentadas estas mariposas son los bruscos cambios en la temperatura, sumado a poderosas tormentas invernales que han generado en todas partes una crisis climática haciendo que se reduzca paulatinamente la población de las mariposas monarca que deberían llegar hasta México.

El número de mariposas sigue reduciéndose dramáticamente y actualmente existe un debate entre si la reducción de la población de estas mariposas se viene dando por los fenómenos climáticos asociados al cambio climático o es por otras razones que de una u otra manera podrían involucrar a la especie humana; se necesitan estudios prolongados a lo largo de varios años para poder sacar conclusiones más precisas sobre lo que viene ocurriendo a este maravilloso ser habitante de nuestro planeta.

Solamente una de cada cinco mariposas monarca logra completar la travesía, que dura un poco más de un mes, para, finalmente, descansar en diferentes lugares de los bosques mexicanos Las mariposas llegan en grupos que, en su totalidad, pueden alcanzar aproximadamente los cien millones de individuos (la ciencia nos informa que el cálculo aproximado se ha conseguido por la cantidad de territorio que ocupan).

El premio para los campeones que logran llegar es el agradable clima de los bosques en México, que son ideales para la tranquilidad, procreación y conservación de la especie.

Una vez cumplido el periodo de apareamiento, las hembras fecundadas llevan consigo los huevos fertilizados y lideran el viaje de regreso a Norte América junto a los machos.

Es en la parte norte del continente donde después de una larga vida de aventuras y peligros ambientales mueren finalmente y dan origen a las nuevas generaciones de monarcas, pero solamente las tátara, tátara nietas de esta generación volverán a hacer el fantástico viaje cuando regrese nuevamente el invierno.

La privilegiada cuarta generación iniciará una nueva migración épica, llevando en su interior el secreto de la información genética de cómo hacer el viaje, pues sus tátara, tátara abuelas murieron mucho tiempo antes y nunca las conocieron, por esto mismo no pudieron transmitirles el preciado conocimiento con el ejemplo.

Para la ciencia, todavía hasta hoy el hecho de que las mariposas monarca de la cuarta generación sepan cómo hacer el viaje es un misterio.

Es fundamental que los humanos hagamos lo que sea necesario para proteger la existencia de una de las especies más hermosas que habitan en el planeta.

Toreo o tauromaquia, crimen brutal

El Toreo o fiesta brava es una de las formas más desagradables y sanguinarias de maltrato animal que existen en el planeta Tierra. Esta terrible actividad se viene practicando desde antes de la antigua era romana, por esa época la práctica era diferente, pero no menos salvaje de como la conocemos ahora. Luego siguió su curso en la edad media y con el tiempo se fue transformando, organizando y estructurando hasta convertirse en el macabro espectáculo que ha llegado hasta nuestros días; simplemente, consiste en lidiar toros de casta a pie o a caballo en una plaza cerrada.

Históricamente, nos han querido vender una imagen de valentía, glamour y arte alrededor de esta barbarie, pero la verdad es muy diferente. La realidad es que el toreo es sencillamente espantoso, es muy importante abrir los ojos para tomar conciencia y comprender lo que realmente pasa.

El toreo se hace para lucrar, ganar dinero. Es un cruel negocio que beneficia a unos pocos empresarios que, por lo general, ya son adinerados y son los que organizan las faenas, ellos se llenan los bolsillos con la muerte bajo martirio de los toros, que son animales inocentes.

Los ejecutores protagonistas de la maldad son los toreros, unos personajes que van vestidos con un particular y muy apretado traje de mallas en seda con lentejuelas de colores, el atuendo es llamativo y se complementa con un sombrero muy peculiar.

Estos personajes, los toreros, que se hacen llamar matadores, están manchados con la sangre de animales inocentes y, al igual que los empresarios, también se benefician económicamente, pero ellos lo hacen asesinando directa y cruelmente a seres sintientes, animales inocentes que nunca en sus vidas les han hecho ningún daño a los empresarios, a los toreros o a los espectadores.

Los espectadores son los últimos en esta trama de maldad porque son el público cruel que paga por ver las faenas en las plazas de toros y al parecer podrían estar adoptando actitudes de psicópatas reprimidos que pueden dar rienda suelta a su deseo malévolo de ver derramar sangre, los del público podrían ser personas con un alto índice de maldad, que festejan, se ríen, se emborrachan, corean «Ole» y disfrutan con el dolor, con el sufrimiento, con el martirio de otros seres vivos y pagan por una boleta para ver la brutal matanza.

Los que están a favor de este bárbaro y sanguinario espectáculo lo defienden argumentando cosas tan absurdas como que el toreo es la valentía del hombre contra la bestia o que es un espectáculo artístico, que a la gente le gusta esta clase de eventos porque viene de antiguas tradiciones y por último declaran que si las personas se alimentan de carne, no tienen valores morales para reprochar el toreo.

¿Pero son válidos estos argumentos?

¿Es valiente un torero?

Primero tenemos que comprender que un toro en estado natural, tranquilo y en paz nunca va a buscar atacar humanos, solamente reacciona violentamente cuando siente vulnerado su territorio (zonas adecuadas por el hombre para la cría de estos majestuosos animales). Un toro solamente ataca cuando siente invadido su espacio, cuando siente que podría estar en peligro o es encerrado y acorralado, entonces es cuando intenta defenderse. Defenderse es diferente de atacar.

Cómo puede ser valiente un torero cuando han atrapado a un animal y previamente lo han acorralado, provocado, pinchado, encerrado en un cuarto oscuro para luego abrir repentinamente las puertas y confundirlo con el destello de la luz en la plaza, los gritos de la gente y el alto volumen de la orquesta taurina. Luego de esto, martirizarlo clavándole en el lomo unos puñales llamados banderillas y haciéndolo sangrar a empujones con una lanza, con el fin de debilitarlo físicamente para, finalmente, confundirlo con un trapo rojo sacando provecho de que puede distinguir ese color y no ve la delgada espada con la que finalmente será atravesado.

El torero entra de forma voluntaria al ruedo porque sabe que va a ganar buen dinero, pero no es más que un abusivo, violento y aprovechado personaje que está preparado con mucho tiempo de entrenamiento para hacer su faena de asesinar teniendo todo arreglado y a su favor. Mientras que el toro es forzado a entrar al ruedo, trata de buscar una salida de escape pero no puede, está completamente confundido y no está preparado para lo que le va a pasar, ¡el toro nunca pidió entrar a esa plaza!

¿Dónde está la valentía en eso?

¿El toreo es un espectáculo artístico?

Hay que estar muy mal de la cabeza para argumentar que torturar y atacar animales inocentes y desconcertados por todo lo que ocurre en la plaza de toros es algo artístico; ¿dónde está el arte en hacer sufrir seres sintientes que además son inocentes?, ¿dónde está el arte en provocar mucho dolor a un animal apuñalándolo una y otra vez con lanzas y banderillas para luego atravesarlo con una espada hasta matarlo haciéndolo vomitar sangre, luego cortarle las orejas y el rabo cuando el animal en muchas ocasiones todavía está vivo y entregarle esos trozos mutilados del cuerpo como premio al torero?

¿A eso le llaman arte?

¿Dónde está el arte en todo eso?

Hacerle esas cosas a un animal o pagar una boleta por ver esos espectáculos es algo propio de gente llena de maldad.

¿Es justificable la tortura de animales inocentes en el toreo con la excusa de que es una tradición?

Es algo completamente equivocado pensar o argumentar que por el hecho de que esto se viene haciendo desde otras épocas de la historia, por hombres de otros tiempos con criterios anticuados y salvajes, con un nivel de evolución intelectual diferente del nuestro y con una percepción totalmente distinta del mundo a la que tenemos hoy en día haya una razón válida para seguir actuando de esa manera. No es correcto siquiera pensar y poner como excusa que por ser una tradición antigua tenemos que seguir haciendo lo mismo en la actualidad o que está bien llevar a cabo actos abominables y sangrientos como los que se practican en las plazas de toros en pleno siglo XXI.

Tal vez sea una tradición, pero es una completa barbarie bañada en sangre, es una tradición de maldad, dolor y sufrimiento en contra de seres inocentes que tiene que terminar.

¿Las personas que se alimentan de carne pueden pronunciarse en contra de las corridas de toros?

Claro que sí pueden, es un argumento amañado el que utilizan los amantes de la tauromaquia cuando dicen que únicamente las personas vegetarianas o veganas pueden hablar sobre lo que está ocurriendo. Para ellos, las personas omnívoras no pueden hablar en contra del toreo por el simple hecho de que consumen carne, según dicen, están impedidas moralmente, es como si por comer carne no deberían hablar sobre el sufrimiento y el maltrato al que son sometidos los toros porque después se comerán su carne; entonces, están con las manos atadas, con una mordaza en la boca para levantarse y hablar en contra de este crimen.

Espectáculos de muerte como la tauromaquia no deberían existir. Tenemos que ser capaces, en el transcurso de nuestra vida, de poder ver el fin de estos eventos en todos los países del mundo, esa es una de las razones por las cuales se escribió este libro, para defender a los que no tienen voz, a los animales que no pueden hablarnos para decirnos que no los maltraten así; los seres humanos no han venido a la Tierra con la finalidad infringir semejante dolor a los toros o a ninguna otra especie de las que comparten el planeta con nosotros.

Presumimos y nos sentimos orgullosos de ser seres humanos, pero entonces dónde está nuestra humanidad si seguimos permitiendo barbaries como esta.

Jamás pagué por una entrada para ir a ver algo así, los que pagan una boleta por ver ese nivel de brutalidad y salvajismo están muy mal y manchan sus vidas con sangre de seres inocentes.

Delfines, seres maravillosos

Los delfines son una de las especies más hermosas y majestuosas que existen en el planeta, los podemos encontrar en todos los océanos al rededor del mundo, existen diferentes y variados tipos de estos esplendidos habitantes de los mares.

Los delfines están entre los animales más inteligentes que conocemos, su lenguaje es tan complejo que el hombre no ha podido descifrarlo en su totalidad. Actualmente, lo más aceptado por la comunidad científica es que los delfines utilizan múltiples clases de sonidos y un variado lenguaje corporal, al igual que nosotros los seres humanos.

El diseño de su cuerpo es perfecto para su ambiente son 100 % aerodinámicos, con un tamaño promedio de 4,5 metros y, en algunos casos, puede llegar a los 6 metros, el peso promedio es de 300 kilogramos. Los delfines están hechos para moverse en el océano de manera rápida y eficiente, en un solo día pueden recorrer distancias de hasta 64 kilómetros, son capaces de una gran y variada habilidad acrobática.

Los sistemas de ecolocación utilizados por los delfines son tan avanzados que pueden ubicar amenazas y presas con una gran precisión, su sonar es tan evolucionado que literalmente ven al interior de otras especies, por ejemplo si una mujer está en estado de embarazo ellos podrían detectar al bebe que esta mujer lleva en su interior.

Los delfines en libertad son seres sociales y pasan sus vidas interactuando entre sí y entre otros grupos. En ocasiones, al igual que en nuestra sociedad, hay roces y confrontaciones por las hembras o disputas entre los diferentes grupos.

Son animales de una gran valentía y se protegen unos a otros, defienden a sus pequeños, a los rezagados del grupo, e inclusive a los heridos; estudios afirman que los delfines se llaman o se identifican unos a otros por su sonido único y particular, lo que para una persona equivaldría a tener nombre propio, una cualidad que hasta hace poco pensábamos que era exclusiva de los humanos.

Está comprobado que hubo casos de delfines que han salvado a las personas en el mar porque se sabe que buscan cercanía y tienen una gran afinidad por los seres humanos.

El sufrimiento de los delfines

Lamentablemente, estos animales también son acosados por el hombre, todos los años entre los meses de septiembre y abril en Taiji, Japón, llega una de las épocas más negras para estos magníficos animales y para todo el planeta. En esa ciudad, el mar se tiñe de color rojo con la sangre de miles de delfines que serán sacrificados y al mismo tiempo, otro porcentaje de delfines perderá para siempre su libertad.

Ocurre así en esa zona de Japón porque muy cerca de esa ciudad pasan las milenarias rutas migratorias de estos fantásticos seres vivientes de la naturaleza y Taiji se convirtió desde hace mucho tiempo en el proveedor más grande de delfines para el mundo entero.

Los activistas por la defensa de los delfines alegan que todos los años los japoneses de Taiji cazan a estos animales en cifras alarmantes de forma brutal y salvaje, dicen que las cantidades en que son cazados los delfines exceden las cuotas legales permitidas por el Gobierno japonés y lo hacen para suplir la demanda de carne de delfín. Además, también capturan a los mejores ejemplares para venderlos a los diferentes delfinarios del mundo, que los compran con fines de entretención de los humanos que van a verlos a estos lugares.

La tragedia del delfín se debe, paradójicamente, a su hermosa sonrisa. Esta ha sido su mayor problema porque los humanos piensan que ellos (los delfines) siempre están felices, incluso en cautiverio, y esto no es cierto.

Pero las personas no son conscientes de que con el pago de la boleta para ver estos shows y con la compra de todos los productos de mercadeo siguen patrocinando la captura, la posterior esclavitud de los delfines y otras especies con fines de entretenimiento. Lo peor es que las familias llevan a los jóvenes desde que son muy pequeños, entonces ellos crecen con la idea de que está bien o que es correcto divertirse viendo a otros seres vivientes del planeta encerrados.

Debido a la contaminación de los océanos, se ha llegado a comprobar que existen niveles muy altos de mercurio en la carne proveniente de los delfines. Esto viene ocurriendo por los desechos industriales que son vertidos al mar, algunos altamente peligrosos y todavía más como el ya mencionado mercurio.

El mercurio es un elemento químico que ha entrado en la cadena alimenticia de los mares pegándose a pequeños organismos que sirven de alimento para peces pequeños. A la vez, estos son el alimento de peces más grandes y estos para otros más grandes hasta llegar a los delfines u otros cetáceos, contaminándolos y haciendo que su carne quede impregnada del mercurio altamente peligroso para la salud de los humanos que lo consumen al final de la cadena en un ciclo mortal y vicioso.

El problema se ha hecho cada vez mayor, pues, como es sabido que la carne de delfín está contaminada con ese elemento químico, supuestamente ya no estaría vendiéndose más, pero se cree que personas y organizaciones inescrupulosas la han seguido vendiendo como carne proveniente de otros animales.

¿Cómo ayudar a los delfines si no vivimos cerca del mar?

- Lo primero que se debe hacer es informarse plenamente de este gran problema y luego empezar a actuar ubicando a las entidades que protegen a los delfines a nivel mundial.
- Segundo, apoyando a todas las personas y organizaciones que ponen el pecho para proteger a los delfines.

- Tercero, se pueden hacer cartas dirigidas a las diferentes embajadas del Japón en el mundo, según el país en el cual nos encontremos, con el fin de pedir al Gobierno japonés que ponga fin a la masacre (si las cartas van apoyadas de muchas firmas es mejor).

- Cuarto, podemos promover por las redes sociales todos los artículos que encontremos y nos parezcan adecuados para que más personas se enteren de lo que viene ocurriendo, este es un gran paso.

- Nunca y por ninguna razón asistir y mucho menos pagar una boleta por un show acuático donde se tenga a delfines o cualquier otro animal en cautiverio.

Los felinos son la realeza, pero la realeza felina está en peligro

Hermosos animales de la naturaleza con mirada profunda, enigmática, desconcertante y salvaje. Esbeltos de gran elegancia en cada movimiento, una postura imponente, ágiles y veloces, los felinos son la realeza en el reino animal.

En cualquier lugar del mundo donde observemos una cadena alimenticia en un hábitat, podemos darnos cuenta de que los felinos se encuentran siempre, o en la gran mayoría de las ocasiones, en la cúspide de la cadena alimenticia, solamente retados por un felino más grande o unos pocos animales de otras especies.

A estos majestuosos animales los podemos encontrar dispersos por el planeta en casi todos los hábitats, con variados tamaños y diferentes clases de adaptaciones de acuerdo con el lugar geográfico y climático en el que se encuentren, desde el gran león de África a un pequeño gato leopardo propio de Asia, que también es el reino del imponente tigre, el poderoso jaguar en América Central y América del Sur, el puma o león de montaña que se encuentra en todo el continente americano desde el norte hasta el sur y una enorme variedad de felinos salvajes medianos y pequeños por todas partes de la Tierra, sin olvidar a nuestros gatos domésticos, amigos hermosos, elegantes, graciosos, a veces también malgeniados y curiosos que, según los registros históricos, empezaron su relación con los humanos por la época del antiguo Egipto.

Carnívoros por excelencia, los felinos contribuyen de manera muy importante al equilibrio de los ecosistemas manteniendo a las demás especies en un límite razonable y de esta forma ayudando a sostener el balance en los diferentes hábitats de la naturaleza.

En zonas rulares pobladas por los humanos, los felinos domésticos también prestan un gran servicio al limitar las poblaciones de roedores o insectos y plagas que son perjudiciales para el hombre.

Los felinos tienen una gran destreza para atrapar a sus presas combinando el sigilo, una de sus habilidades más poderosas, junto con su inteligencia y sus sentidos altamente desarrollados. Los grandes felinos tienen su impresionante gruñido que ha evolucionado para dejar literalmente paralizadas de susto a sus presas y, para casi todas las clases de felinos, su vista es siete veces más poderosa que la del hombre, lo que les da una gran ventaja en las noches. Su oído también puede registrar sonidos que pasarían completamente imperceptibles para cualquier humano.

A pesar de ser criaturas tan exitosas en la naturaleza, muchas clases de felinos, y sobre todo los grandes gatos o grandes felinos, están amenazados por un único enemigo al cual no han logrado superar. Tristemente, es el hombre, que les ha ido reduciendo sus territorios, restringiendo su movilidad, los ha perseguido por su piel, sus garras, huesos o dientes bajo las excusas e ideologías más absurdas mostrando una total falta de respeto para con estos magníficos animales que habitan en la Tierra.

En diferentes partes del mundo, el peligro más grande que existe para muchas especies de felinos es la cacería ilegal, porque se ven perseguidos por grupos de cazadores furtivos que los cazan para obtener partes de sus cuerpos o sus pieles con el fin de venderlos a mercaderes que a su vez hacen llegar las piezas y pieles a mercados ubicados en diversos lugares del mundo. Los comerciantes de estos mercados compran esta macabra mercancía con el fin de revenderla a diferentes tipos de clientes que buscan estas piezas por creencias asociadas con la virilidad, con superstición, curaciones medicinales mágicas, piezas para exhibir como trofeo exótico en alguna pared, en ocasiones las pieles también se negocian por algunos grupos tribales cuyos miembros quieren atuendos lujosos de piel felina para celebraciones rituales o festividades culturales y toda una serie de razones que para una persona común que respeta la vida silvestre serian totalmente ilógicas.

Otra de las razones de más peso por la cual muchas especies de felinos están en peligro de desaparecer es por la pérdida de hábitats debido al avance de la población humana que cada día demanda más territorios forzando y acosando a las poblaciones de felinos a buscar nuevas zonas para su desplazamiento, zonas que cada día son más difíciles de encontrar por los felinos que ven desaparecer sus fuentes de alimento natural teniendo que hacer cambios en su dieta. Debido a esto, también deben enfrentarse más de lo normal con otros grupos de felinos, incluso con los de su misma especie por los territorios, lo que poco a poco pero irremediablemente va diezmando las especies.

Podemos decir que en la actualidad la única especie de felino que no se encuentra en peligro de desaparecer es el gato doméstico, que gracias a su adaptación para vivir con el hombre, ha logrado mantenerse al margen del peligro de la extinción.

Abejas, SOS alerta mundial

Sin lugar a dudas, las abejas son los insectos más conocidos, queridos y respetados por la mayoría de los humanos en el mundo gracias a su aporte a la naturaleza y también al gran servicio que nos prestan, además, todos las conocemos y le tememos a su dolorosa picadura.

Estos valiosos animales hacen su vida en una sociedad plenamente organizada, son trabajadores por excelencia, tienen un sentido comunitario primordial por encima del propio individuo, están dispuestas a dar la vida por el bienestar de su comunidad y por proteger a su reina, son inteligentes y lo mejor de todo es que prestan un servicio esencial en la vida de los demás seres vivientes del planeta.

La actividad de las abejas, aunque no lo parezca, es fundamental en el ciclo de muchos ecosistemas en toda la Tierra y su aporte es muy valioso para la existencia de la vida. Tan importantes son estos hermosos insectos que uno de los genios más grandes de toda la historia de la humanidad dijo:

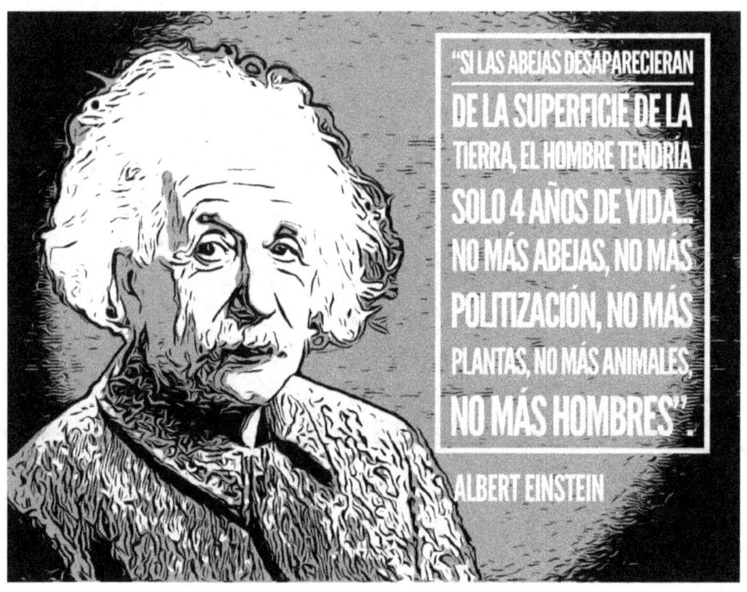

Si estos seres vivientes del mundo natural son tan importantes para la vida de todos en el planeta, además de ser inteligentes, organizados y trabajadores, entonces, ¿por qué están en peligro?, ¿por qué se habla de una alerta mundial?

A juzgar por la opinión de muchos conocedores sobre este tema, y también por el llamado que están haciendo los diferentes apicultores a nivel mundial, el problema es realmente muy serio porque las abejas del mundo están en grave peligro por acciones humanas.

¿Qué está pasando? Los apicultores del mundo vienen emitiendo alertas sobre la disminución de las abejas domesticadas por el hombre, y los científicos han hecho el mismo llamado sobre las abejas que viven en estado salvaje, también hemos visto alarmantes noticias en TV acerca de cómo estos insectos están muriendo en masa y en cantidades enormes.

Las abejas vienen siendo atacadas por enemigos silenciosos contra los que ellas no están en capacidad de luchar para defenderse y lo peor de todo es que estos enemigos silenciosos surgen a partir de actividades del hombre, quien tendría mucha culpa en todo lo que está pasando.

Diferentes estudios elaborados desde hace casi una década dan como dictamen el hecho de que las abejas están muriendo masivamente por la combinación o mezcla de diferentes químicos y pesticidas que son arrojados al ambiente por el hombre en sus actividades diarias, y que contaminan las flores y su valioso polen, que es recolectado por las abejas domésticas y salvajes para llevar a las colmenas.

Aparte del polen contaminado que recolectan las abejas, también se debe tener en cuenta como factor determinante el hecho de que durante sus recorridos diarios para hacer su trabajo, deben atravesar vastas zonas llenas de aire contaminado por smog, pesticidas y agroquímicos, lo que las está colocando contra las cuerdas en una situación de indefensión bastante grande.

Qué pasaría si usted tuviera que ir todos los días a su trabajo atravesando enormes zonas o territorios llenos de aire muy pesado donde el ambiente está contaminado con diferentes sustancias químicas que resultan muy venenosas.

Cuando finalmente usted recoge su alimento diario para llevar a la casa, ese alimento que lleva en las manos está infectado con una combinación de diferentes dosis de veneno químico y ese sustento es lo único que usted puede entregar en su casa a su familia. ¿Qué pasaría?

La anterior analogía es para que usted comprenda las enormes dificultades por las que están pasando las abejas.

Otro problema es la llegada del avispón gigante asiático a América del Norte, que se suma de manera dramática a toda la cascada de dificultades que están afrontando las abejas. Esta especie es propia de regiones asiáticas, pero más específicamente del Japón y de China, donde prestan una función natural como depredadores ayudando a mantener a raya diferentes especies de insectos, manteniendo equilibrio en los ecosistemas, pero al mismo tiempo atacan las colonias de abejas y gracias a los estudios que la ciencia nos ha entregado, sabemos que un enjambre de doce avispones gigantes asiáticos pueden terminar en cuestión de horas con una colonia de ochenta mil abejas.

En esas regiones de Asia, las abejas han aprendido ancestralmente a luchar de manera ingeniosa contra los avispones gigantes; estos envían centinelas exploradores a detectar dónde hay colonias de abejas. Una vez el avispón centinela detecta una colonia de abejas, regresa a su propia colonia llevando la información del camino y la ubicación de la colonia de abejas. Luego viaja todo un enjambre de avispones y terminan con la colonia de abejas, que no puede luchar contra ellos.

Pero la naturaleza es sabia y con el paso del tiempo las abejas aprendieron a defenderse utilizando un sistema muy eficaz que consiste en que, cuando un avispón centinela llega a la colonia de abejas, se le permite la entrada y sin que el avispón lo detecte empieza a ser rodeado por todo un enjambre de abejas que se le abalanzan encima, empiezan a zumbar y generan una ola de calor que literalmente lo achicharra. El umbral de resistencia de las abejas al calor es un poco mayor que la del avispón y de esta manera, al morir el centinela, la información de la ubicación queda segura porque nunca llega a ser conocida por la colonia de avispones; de esta forma, la colonia de abejas se salva.

Esto ocurre en Asia, donde las abejas, con el paso del tiempo, aprendieron un efectivo sistema de defensa, pero en América es diferente porque las abejas americanas no reconocen al avispón como un enemigo natural (se cree que el avispón gigante llegó de Asia a América del Norte en barco) y no han aprendido cómo defenderse. Entonces, toda la comunidad científica y la comunidad de apicultores están muy alarmados porque las abejas están siendo atacadas por los enjambres de avispones que vienen mermando las colonias de abejas.

Actualmente, hay quienes dicen que es cuestión de tiempo para que el avispón gigante se extienda por toda América, pero también hay quienes dicen que no se podrá extender por todo el continente porque el avispón necesita regiones donde climáticamente existan las estaciones para reproducirse, ya que en invierno es cuando las nuevas generaciones de este animal se desarrollan; pero al llegar a climas tropicales, la especie encuentra estos lugares como barreras climáticas y geográficas que le impiden avanzar.

Lo cierto en este momento es que en América del Norte el avispón gigante asiático es otro grave problema con el cual las abejas deben lidiar; esperemos que no se pueda extender por todo el continente para que por lo menos las abejas de climas tropicales estén a salvo de esta nueva amenaza que ha llegado de Asia.

A este panorama tenemos que agregar también que las abejas domésticas están siendo acosadas por enfermedades y parásitos que vienen atacando a las diferentes colonias en el mundo. El problema reside en que al ser domesticadas y al tener contacto con el hombre ellas han perdido sus habilidades naturales para defenderse y poder sobrevivir.

¿Cómo puede una persona común ayudar a las abejas?

Si tiene jardín, preocúpese por sembrar plantas que sean endémicas de la región donde usted vive. Algunas plantas favorables para las abejas son lavanda, margarita, girasol, geranio, rosas, arándano, petunia y clavel, entre otras.

Sembrando estas plantas en su jardín, usted embellecerá su casa y le estará tendiendo su mano a las abejas, gracias a su ayuda encontrarán el alimento y como recompensa nos ayudarán a todos con la polinización que mantiene en equilibrio los ecosistemas.

Aleteo de tiburón y peligro de extinción

Imagine que va caminando tranquilamente por la calle
en un hermoso día de sol y repentinamente cae encima
suyo una enorme red. Usted no tuvo tiempo para
ver de dónde salió y ahora está atrapado en esa red
que lo hala, le talla y maltrata la piel. Luego, brusca
y repentinamente, lo levantan y golpean contra una
superficie fría, lo inmovilizan, aprisionan su cuerpo,
usted siente que no puede respirar y sin explicación
alguna un ser monstruoso e inconsciente saca un enorme
cuchillo y taja de cuatro golpes sus brazos y piernas.
Luego de esto, ese ser sin ningún remordimiento lo
arroja estando aún con vida al piso de la calle por donde
hace un rato usted caminaba felizmente.
Ahora usted se encuentra tirado allí completamente
mutilado sintiendo que se sofoca y sin poder caminar
o moverse y retorciéndose por un dolor indescriptible
muere desangrándose muy lentamente.

¿Pudo imaginarlo? La anterior fue una analogía para comprender y sentir lo que algunos humanos les están haciendo a los tiburones de nuestro planeta.

Los tiburones no tienen brazos o piernas para moverse como nosotros, pero sí tienen aletas para nadar por el océano y están siendo brutal y sistemáticamente perseguidos para quitárselas, todo con el fin de satisfacer un voraz comercio de muerte.

El aleteo de tiburón es una brutal práctica que consiste en cercenar o cortar las aletas de los tiburones y arrojar el cuerpo estando aún con vida al mar. Lo hacen porque el cuerpo no les sirve económicamente, les estorba, ya que ocupa espacio y les quita tiempo, entonces para no tener dificultades con ese cuerpo mutilado lo tiran nuevamente al agua.

El sufrimiento provocado a los tiburones es aberrante, pues estos animales al igual que la mayoría de seres vivientes en la naturaleza tienen terminales nerviosas que hacen que sienta el dolor como ocurre en este caso; muchos humanos piensan que debido a que el tiburón no puede gritar o no escuchamos sus lamentos, entonces no siente dolor, esto es un terrible error.

Luego de esto, el martirio no termina porque arrojan el cuerpo del animal estando aún con vida al mar. Los tiburones mutilados tratan de moverse, pero ahora se encuentran sin sus aletas. La dorsal, que los estabiliza; las pectorales, que los sostienen y les proporcionan elevación; y la aleta caudal (la que entendemos como cola), que los impulsa hacia adelante. Sin ellas, no pueden nadar, no consiguen hacerlo y en medio del terrible dolor irremediablemente se van hundiendo y se van ahogando, ya que es imposible nadar para conseguir que circule el agua por sus branquias. Además de esto, al mismo tiempo, algunos tiburones son atacados y devorados o mordisqueados por otros peces.

¿Pero por qué los arrojan nuevamente al mar estando aún con vida?

Como ya se dijo, lo único que les importa económicamente son las aletas, el cuerpo pierde todo su valor y ocupa demasiado espacio en las embarcaciones. Ese espacio lo necesitan para otros tipos de peces a los cuales sí persiguen por sus cuerpos, arrojan a los tiburones con vida porque ni siquiera se toman el tiempo para dar una muerte digna y que el animal no sufra más.

¿Para qué quieren las aletas?

Todo esto ocurre por la inconciencia del hombre, que persigue a los tiburones por dinero para cubrir la demanda de aletas que proviene, en su mayoría, del mercado asiático.

Esta demanda se origina en productos de cartílago de tiburón para la medicina ancestral china y, en mayor medida, para suplir una vieja tradición en la cual las familias de esa parte del mundo ofrecen un plato de sopa de aletas de tiburón que se sirve en ocasiones de fiesta, pero sobre todo se brinda para la abundancia en los matrimonios.

Es muy triste pensar que estos esplendidos animales del planeta están desapareciendo y padecen muertes horribles por un plato de sopa.

A pesar de que algunos Gobiernos han efectuado campañas a nivel mundial de protección para los tiburones, esto no ha sido suficiente y el problema sigue latente. No obstante la denuncia de grupos ecologistas, el crimen no ha parado porque en el mercado asiático continúan con la voraz demanda.

Extinción

Si al terrible drama del aleteo le sumamos que prácticamente todas las especies de tiburones que existen en el planeta están en peligro de extinción por la pesca comercial en todo el mundo, que actualmente está desbordada y de la cual son responsables muchos países como nos lo han informado las organizaciones de expertos y científicos acreditados en ese campo, entonces nos damos cuenta de que el panorama para los tiburones es bastante difícil y muy dramático.

La persecución ha sido tan exagerada que, según cifras entregadas por organismos como la FAO (Organización de Naciones Unidas para la alimentación y la agricultura) se cazan entre cien y ciento cincuenta millones de tiburones anualmente. A un ritmo tan acelerado, ninguna especie puede recuperase y termina extinguiéndose.

El aleteo de tiburón y la pesca comercial de todas las especies de tiburones representan un muy grave problema para el futuro de los océanos, no solamente por la manera tan bárbara como dan muerte a estos esplendidos animales, sino por la pesca exagerada de todas las especies de este hermoso animal que lo tienen al borde de la extinción y porque los tiburones se encuentran en el tope de la cabeza alimenticia de casi todos los ecosistemas oceánicos. Al ser perseguidos de una manera tan voraz y sistemática, están provocando su desaparición de forma masiva y con ello un terrible desbalance de los diferentes ecosistemas marinos que se ven seriamente afectados por la falta de depredadores para mantener equilibrados los números de otras especies de animales.

Al desaparecer el depredador, otras especies crecen sin control y empiezan a terminar con los recursos que a su vez sustentan a otro número de especies y, a la larga, toda la cadena alimenticia y todo el ecosistema marino se ve seriamente afectado.

Las cosas tienen que cambiar, es demasiado triste pensar que no solamente una especie, sino varias especies de tiburones del planeta están al punto de la desaparición por un plato de sopa y por los hábitos alimenticios de los humanos.

Sobra decir que jamás y por ningún motivo compre, reciba o acepte un plato de sopa de aleta de tiburón, es su obligación moral y ética decirle a la persona que lo vende o consume su grave error.

El futuro de las especies de este planeta está en manos de la especie humana, somos los únicos responsables y los únicos capaces de revertir la situación. Está en nosotros actuar, movernos en redes sociales, informar, hablar, presionar a los Gobiernos y sociedades que persiguen a estos animales para que tomemos conciencia de nuestro papel como especie dominante en el planeta y usar ese poder para proteger y no para depredar.

En dónde está nuestra humanidad si seguimos permitiendo que especies enteras desaparezcan porque los humanos no cambian sus hábitos alimenticios.

Encontrando a Nemo, buscando a Dory

Por culpa de historias de fantasía del cine y por la falta de conciencia e inteligencia humana, una famosa, divertida y positiva película de cine con final feliz provocó que especies como la del hermoso pez payaso o la del gracioso pez cirujano empezaran a ser acosadas por los humanos, pero no en una trama cinematográfica, sino en el mundo real.

En el año 2003, el tremendo éxito de la famosa película de Disney y Pixar *Buscando a Nemo* provocó, sin proponérselo, una terrible persecución de humanos contra la especie del pez payaso recreado en la gran pantalla por Nemo, el pececito perdido, y su padre, que lo buscaba desesperadamente para protegerlo.

Es importante aclarar que los creadores de la película nunca quisieron poner en peligro las poblaciones del pez payaso o las del pez cirujano, su idea original era todo lo contrario, pues la filmación tenía un mensaje claramente positivo, pero lo que ocurrió fue totalmente opuesto al mensaje que la película quería transmitir al público de millones de personas que pagaron la boleta de cine en todo el mundo.

La historia de *Buscando a Nemo* fue contada de forma brillante, graciosa y conmovedora por los creativos de Disney y Pixar con un mensaje muy valioso que buscaba que la gente comprendiera la importancia y lo que significa para el mundo natural que los animales vivan sus vidas en libertad.

Pero esas aventuras que tenían un final feliz en la historia de cine, para la vida real fueron todo lo contrario porque se desencadenó una irracional histeria colectiva de niños que les pidieron a sus padres que les compraran un pececito parecido a Nemo. Los padres, por complacer a sus hijos, olvidando y dejando a un lado la enseñanza de la película —dejar a los peces en libertad—, hicieron todo lo contrario con una total inconsciencia y, además, una completa ignorancia sobre el daño a los ecosistemas marinos de nuestro planeta.

Las personas, sin pensar en el detrimento a la fauna marina, empezaron a ir a las tiendas donde venden animales que han sido privados de la libertad para comprar al pez payaso conocido como Nemo. Entonces, la demanda por este pez aumentó dramáticamente en todo el mundo haciendo que los mercaderes exigieran traer a este animal para tenerlo en sus tiendas. Fue así como empezaron perseguir al pez payaso, lo que hizo disminuir drásticamente sus poblaciones en libertad.

En la actualidad, y debido a la película del año 2003 sobre Nemo, se calcula que, anualmente, son capturados más de un millón de peces payaso para abastecer los acuarios del mundo, lo que tiene a la especie en grave peligro de extinción. A esto le sumamos la pérdida progresiva de los hábitats coralinos que tienen no solamente al pez payaso o al pez cirujano azul (Dory), sino a todas las poblaciones de peces de arrecife luchando por mantenerse vivas. Esto es debido al aumento de las temperaturas en el mar y la acidificación de los océanos, situaciones que han venido empeorando y que están relacionadas con el cambio climático.

La historia de Dory, el pez cirujano azul protagonista, también de la película de Nemo y personaje del que un tiempo después hicieron otra película, es parecida a la que ocurrió con la especie del pez payaso.

Se calcula que, anualmente, son capturados cuatrocientos mil ejemplares de peces cirujano azul para satisfacer la demanda comercial por este animal.

Si a lo anterior agregamos que la película de Dory también fue un total éxito en taquilla, el caldo de cultivo está listo para una nueva tragedia sostenida en el tiempo provocada por la falta de conciencia por parte de los humanos que creen que los demás habitantes del planeta son cosas de las que pueden disponer y poseer a su antojo.

Enséñele a los jóvenes el concepto de libertad, jamás por ningún motivo regale un pez o un acuario, no permitan que compren uno para mantenerlo encerrado en una pecera o un pajarito para mantenerlo en una jaula y de la misma forma con cualquier otro animal silvestre, si es necesario enseñe a mayores o jóvenes porque no está bien tener a estos animales viviendo encerrados y prisioneros injustamente.

Tráfico de pieles

El tráfico de pieles es un grave problema que ataca ferozmente a los animales silvestres y domésticos por todo el planeta, este negocio puede ser hecho de forma ilegal o también de forma legal pero no por esto quiere decir que está bien o es correcto hacer eso a los animales.

Anualmente, son masacrados millones de animales para ser desollados o despellejados en un mercado macabro, malévolo y millonario.

Los animales salvajes más perseguidos por este negocio de maldad son el zorro rojo, el zorro del ártico, el zorro plateado, el tigre, el león, el leopardo, el ocelote, la marta, el mapache, entre muchos otros. Los atrapan con trampas y cepos que les provocan un terrible dolor cuando pisan o caen víctimas de estos salvajes instrumentos de captura.

Otras especies son criadas en peleteras industrializadas, pero no por esto deja de ser un negocio criminal, pues esos lugares más bien parecen sitios asociados con el infierno, ya que los animales son mantenidos en cautiverio en unas muy malas condiciones de vida. Cuando alcanzan una edad comercialmente adecuada para poder arrancarles la piel, los animales son sacrificados de maneras terribles y espantosas por medio de electrochoques y otras barbaridades, lo hacen así porque la piel no puede sufrir daño alguno para ser comercializada y por eso no les disparan.

Cuesta creer la maldad del ser humano por la vanidad de la moda y por la industria peletera del dinero.

Pero el horrendo crimen no es solo con los animales silvestres, pues también los animales domésticos son sacrificados por su piel, como los gatos, los perros y conejos.

De este crimen es culpable el que mata y tortura a los animales para vender su piel, pero también el que compra estos productos por vanidad y por moda pensando erróneamente que se ve muy elegante.

La época del hombre de las cavernas quedo atrás hace más de siete mil años, los humanos ya no necesitan perseguir animales para cubrirse con sus pieles.

Si quieren, como personas del común, ayudar a los animales, entonces nunca, por motivos de moda o vanidad, deberán utilizar abrigos o productos de piel de animales como chaquetas de cuero, botas de pieles exóticas, bolsos, carteras, billeteras, morrales, entre otra cantidad de productos de cuero.

Si por casualidad alguna persona que usted conozca se viste de esta manera, con esa clase de prendas, para asistir a alguna fiesta, evento, reunión o simplemente para salir a la calle, usted está en la obligación moral, pero sin agresión verbal, de hacerles ver su error y contarles sobre el horrendo crimen que se esconde detrás de un abrigo o producto de piel.

Vivimos en el siglo XXI y podemos encontrar en el mercado una gran cantidad de productos hechos con materiales sintéticos parecidos al cuero o las pieles que no afectan las vidas de los animales, estos materiales son una estupenda opción para reemplazar los productos hechos con pieles y así podemos contribuir a terminar con el horror y la maldad en contra de tantos animales privados de la libertad que serán cruelmente sacrificados para arrancarles la piel.

No a las prisiones animales (los zoológicos). Sí a los santuarios de rescate y protección animal

Somos humanos y por nuestra condición humana somos seres vivientes que merecemos ser libres del encierro, de la esclavitud, de las cadenas y de toda manipulación, pero los otros seres que también habitan en la Tierra y que comparten el planeta con nosotros son los animales que, como los humanos, forman parte de esta existencia y al igual que nosotros sienten dolor porque, como ya lo sabemos, tienen un sistema nervioso. La ciencia nos ha demostrado que muchas especies son capaces de expresar emociones como la alegría, la tristeza o el miedo y, de acuerdo con la especie, tienen diferentes grados de inteligencia, diferentes grados de conciencia, tal vez no con el mismo nivel de conciencia e inteligencia del hombre y debido a su desarrollo evolutivo no se pueden expresar con el mismo nivel de expresión humana, pero eso no significa que por no estar a nuestra misma altura intelectual o de desarrollo de conciencia no merezcan respeto, no merezcan vivir en libertad y que por estas razones podamos capturarlos y retenerlos de por vida en una jaula o en un espacio limitado, a pesar de que no han cometido ningún crimen.

No es justo entretenernos con su encierro, ni tampoco es justo obligarlos a actuar en un show o hacer con ellos lo que se nos venga en gana.

¡Estrés severo!

Es bastante común que en los zoológicos los animales sufran de muchas patologías como estrés severo, depresión severa, diferentes tipos de adicciones y muchas enfermedades mentales más que los hace repetir comportamientos una y otra vez, como caminar repetidamente en círculos, quedarse mirando fijamente por horas una pared, golpearse y hacerse heridas profundas, morderse a ellos mismos, etc.

¿Pero por qué desarrollan esta cantidad de males?

La respuesta salta a la vista fácilmente y es por el encierro al que son obligados, por el ahogo al que son sometidos durante años y años de tortura psicológica para una exhibición macabra e insensible que pasa por delante de nuestros ojos sin que ni siquiera seamos conscientes de ello. Este encierro, este confinamiento perpetuo al que sometemos a los animales en los zoológicos, es algo muy cruel que tiene que terminar.

Hay que ser justos y vale decir que no todos los zoológicos son malos en extremo, muchos de estos lugares tienen las mejores intenciones y han hecho anuncios sobre inversiones y esfuerzos económicos importantes para mejorar los lugares de encierro y dignificar la vida de los animales que están allí privados de la libertad, pero finalmente aunque una jaula sea de oro, siempre será una jaula.

Algunos zoológicos han desarrollado con éxito programas para la reproducción de animales en cautiverio. Esto en gran medida es muy bueno porque disminuye el tráfico de las especies silvestres hacia los zoológicos y abre una ventana de esperanza para la conservación de especies en vías de extinción, pero también es necesario decir que para muchos animales nacer de forma exitosa en situación de encierro significará el triste destino del cautiverio perpetuo sin nunca poder conocer lo que es la libertad porque tendrán que vivir enjaulados toda su vida para ser exhibidos con la única finalidad de entretener a los humanos que van a visitar estos lugares y de llenar el bolsillo de los dueños del establecimiento.

Se puede entender que no todas las personas tienen la capacidad de viajar al Amazonas o al África para ver a los animales en libertad, pero esto no justifica la prisión o el confinamiento al que son sometidos los animales solamente para que los humanos se puedan entretener con su eterno cautiverio.

Los circos con animales son prisiones peores que los zoológicos

Los circos que se lucran utilizando animales silvestres o domésticos para sus espectáculos son peor aún que los zoológicos y por sobradas razones. En los circos, por motivos de espacio, los animales deben vivir en jaulas muy pequeñas donde escasamente se logran mover y allí mismo se ven obligados a hacer sus necesidades fisiológicas. Solamente salen de esas pequeñas jaulas por unos lapsos muy cortos de tiempo para presentar el triste espectáculo que más bien se debería llamar «burdo entretenimiento a un público ignorante del dolor y el sufrimiento de los animales». La otra razón por la que salen es para el adiestramiento y luego vuelven a su lugar de confinamiento.

En los circos, los animales sufren toda clase de dolencias físicas por los números de show a los que son sometidos y por el encierro en lugares tan incómodos.

Los animales sufren continuamente porque deben desplazarse de un lugar a otro en condiciones muy precarias y de insalubridad, además tienen que afrontar continuamente cambios de temperatura de acuerdo con el lugar geográfico al que son llevados. Por lo general, en estos trayectos son maltratados debido a los rigores de los múltiples viajes por carreteras y el bodegaje en aviones o barcos.

Los animales de los circos deben pasar su triste vida mirando unos barrotes y una lona de color oscuro en unas posiciones muy incómodas, reciben golpes y abusos por parte de los empleados encargados de ellos para luego salir por contados minutos a recibir más azotes y latigazos con el fin de saltar de un aro al otro, dar botes, usar ropa ridícula, la cual no deberían utilizar, pararse en dos patas cuando lo natural es utilizar sus cuatro extremidades y un sinfín de atropellos más, todo esto por los plausos de un público ignorante de su sufrimiento que pagó la boleta para verlos.

Para los animales que están encerrados de por vida en prisiones de agua, el destino no es mejor y tampoco son felices como nos lo han hecho creer porque en estos espectáculos siempre le hacen pensar a la gente que el animal es feliz, pero nos han engañado.

Lo correcto debería ser que no existieran zoológicos o circos en ninguna parte del mundo y tampoco espectáculos acuáticos con animales que son obligados siendo inocentes a vivir en prisión perpetua.

¡Sí a los santuarios de rescate animal!

En contraposición con los zoológicos y los circos con animales existen lugares que no se lucran con el encierro de los animales, estos sitios son los santuarios de rescate para toda clase de especies salvajes o especies domésticas que fueron maltratadas, heridas, capturadas sacadas de sus hábitats naturales, vendidas y luego abandonadas, etc.

Esos santuarios, en el caso de los animales domésticos, ofrecen protección y ubicación en hogares de humanos bondadosos y, para el caso de los animales silvestres, hacen todo lo que esté a su alcance por devolverlos a la libertad, pero de no ser posible se trabaja para recuperarlos y dignificar como mejor se pueda sus vidas.

Por esto merecen todo el respeto y la admiración, porque son creados pensando en el bienestar de los animales y trabajan con mucho esfuerzo, en ocasiones con grandes dificultades económicas, por restablecer o restaurar en algo el maltrato al que los animales fueron sometidos en un pasado triste y oscuro.

Los santuarios de rescate animal no se benefician económicamente del encierro de los animales, por esto se valen del apoyo de voluntarios que se ofrecen para cuidar a los animales sin cobrar y de apoyo económico que en ocasiones puede provenir del sector gubernamental o del sector privado y de donaciones de personas con buen corazón que también apoyan económicamente para financiar el mantenimiento de las instalaciones.

Los santuarios de rescate animal también pueden recibir a visitantes que pagan por la entrada, pero el dinero recaudado no va a parar a los bolsillos de ningún dueño privado en particular, sino que se reutiliza en el rescate, en la liberación de los animales y en cubrir los gastos de nómina de las personas de planta esenciales que trabajan allí permanentemente y sin las cuales estos lugares no podrían funcionar.

Jamás se podrá entender y se deberían terminar inmediatamente los espectáculos acuáticos o circenses con animales, porque son una de las cosas más ruines, ordinarias y de total falta de respeto para con los animales, para con la naturaleza y el ambiente.

La próxima vez que pague por un boleto para asistir a un lugar donde tengan animales encerrados de por vida como zoológico, un circo o un espectáculo acuático, piense muy bien que con su dinero está patrocinando uno de los crímenes más atroces que existen contra otros seres vivientes de este planeta.

Los únicos lugares en los cuales se justifica que los animales estén mantenidos en un sitio preparado especialmente para ellos son los dedicados al rescate de animales, su conservación, protección y ubicación.

Falta mucho por hacer, en algunos países se empieza a tomar conciencia del problema, pero cuando un legislador trata de modificar las leyes, debe recibir burlas de sus compañeros del senado o capitolio, debe enfrentarse a intereses económicos muy fuertes y lo peor es que siempre se dejan los derechos de los animales en último lugar.

En muchos países se han logrado avances y se ha legislado para que no existan animales silvestres en los circos, pero se han dejado de lado a los animales de los zoológicos, ¿acaso por estar encarcelados no están sufriendo?

Hoy en día, en países que presumen de ser modernos y muy civilizados, se promueve toda clase de espectáculos con animales, entonces nos podemos dar cuenta de que no son tan civilizados como ellos se creen, además entendemos que el camino todavía es muy largo y que la lucha pacífica por la libertad definitiva de los animales debe seguir adelante.

¡Despierte!

Los únicos lugares que usted debe apoyar económicamente con el pago de la boleta para entrar son los santuarios de rescate de animales y también los puede ayudar haciendo trabajo como voluntario.

Enséñeles a los jóvenes a amar y respetar a todos los animales

Una de las cosas más importantes que se le puede enseñar a una persona desde muy corta edad es el respeto por todos los animales, el derecho natural que todas las especies tienen a vivir y a no ser maltratados sin importar a qué especie pertenezcan.

Alguien que desde muy corta edad comprendió el respeto por toda forma de vida posiblemente sea una persona agradable, con menor probabilidad de ser una persona agresiva, en otras palabras, un ser humano que respeta y protege la vida porque lo aprendió desde pequeño será un hombre o una mujer con elevado grado de valores a nivel personal, capaz de brindar apoyo a los demás, con una mejor disposición para llevarse bien con los otros seres humanos y con una mejor actitud para proteger el ambiente, los animales y la naturaleza.

Muy diferente de los jóvenes que a medida que crecen se les enseña que está bien martirizar y maltratar a los animales como ocurre con los jóvenes toreros o con jóvenes que crecen en los circos donde tienen espectáculos con animales.

En el caso de los circos o del toreo, los jóvenes crecen viendo el encierro y el maltrato contra los animales víctimas de esos crueles espectáculos, para ellos es algo normal. Posiblemente, los valores morales y de respeto por la vida de los animales e inclusive para con otros adultos serán muy diferentes a los de los jóvenes que fueron educados aprendiendo a respetar la vida de todas las especies.

Algo parecido ocurre también con las personas que desde muy corta edad fueron llevadas a cazar con la excusa de que esta actividad es un deporte, porque crecen viendo y aprenden desde muy jóvenes cómo se le dispara y se mata a un animal indefenso.

Es necesario aclarar y hacer énfasis en que no estamos diciendo que los jóvenes que crecen en ambientes negativos como los circos que mantienen encerrados y con maltrato a los animales, el ambiente de sangre y tortura del mundo taurino o lo que pasa en la mal llamada cacería deportiva en el futuro, como adultos, serán delincuentes y tampoco hemos dicho que crecerán para ser malos seres humanos. Ojo, en ningún momento hemos dicho eso.

Pero tal vez sea probable que el nivel de respeto y tolerancia de esos jóvenes para con otras formas de vida y para con los demás seres humanos sea muy diferente al de los jóvenes que fueron educados para respetar y proteger la vida de todos los seres sintientes del planeta.

Si reflexionamos y tomamos como ejemplos a un joven que creció viendo correr sangre en una plaza de toros, que creció pensando que es correcto torturar para matar a un toro y recibir de trofeo partes del cuerpo del animal como las orejas y el rabo, o el caso de una persona que creció viendo cómo le disparan por deporte a un animal indefenso y desprevenido para quitarle la vida y luego colgar como trofeo la cabeza del animal en una pared, es bastante probable que de adultos no se interesen por respetar otras formas de vida, no les preocupen las tragedias ambientales o la desaparición de especies vivientes de nuestro planeta, es muy probable que su nivel de tolerancia, para con otras personas, sea mucho menor al de alguien que no sería capaz de quitarle la vida a un animal.

¿Qué pasa con los animales de compañía?

Por otra parte, también es muy importante que les enseñemos a los jóvenes, desde muy corta edad, a respetar y además proteger a los animales que nos acompañan en nuestros hogares, ellos no son objetos de distracción, tampoco deben ser tratados como seres inferiores a los que se puede golpear o maltratar y por el contrario deben ser tratados como un miembro más de la familia que merece todo el respeto y el cariño del núcleo familiar.

Los animales que más acompañan a los humanos en el hogar son los gatos y los perros, está comprobado científicamente que pueden llegar a tener la inteligencia de un niño humano con una edad en promedio de tres años o un poco más, son capaces de recordar, reconocer, aprender, demuestran cariño, felicidad, lealtad, pueden brindar equilibrio emocional y merecen ser tratados con respeto como seres sintientes, no como cosas inferiores de las cuales se puede disponer a nuestro antojo.

Ellos al igual que nosotros se entristecen, sienten dolor si son maltratados o abusados, pero la diferencia es que no tienen voz para poder expresarlo como lo haríamos nosotros.

Es fundamental enseñarles a los jóvenes a temprana edad el respeto y la empatía por todos los animales del planeta, sin discriminar a ninguna especie, porque necesitamos generaciones futuras de hombres y mujeres con una conciencia despierta, capaces de liderar la protección de la vida animal y humana, con la capacidad natural para entender que los animales también son seres sintientes que forman parte de este mundo, que están aquí por sus propias razones y no para sufrir o perecer por causa humana, ellos merecen que se les respete los lugares en los que habitan y, sobre todo, que se les respeten sus vidas.

El Día Mundial de los Animales

Para todos los que vuelan, para todos los que nadan, para todos los que saltan, para todos los que se arrastran, para todos los que corren, para todos los que se camuflan, para los gigantes, para los pequeños, para los silenciosos, para los ruidosos, para los veloces, para los lentos, para los difíciles de ver, para los que no pasan desapercibidos, para los que usan su fuerza, para los que usan su astucia, para los que madrugan, para los perezosos, para los diurnos, para los nocturnos, para los que acompañan a los humanos y también una mención muy merecida para todos los que están privados de su libertad, para todos los que son maltratados, para todos los que son torturados, y para todos los que son injustamente aniquilados para ser devorados.

El 4 de octubre es un día muy diferente porque en muchas y distantes partes del mundo se celebra la existencia de los animales, con sus múltiples y diversas formas de vida; por todo el globo se hacen festejos, eventos para recaudar fondos, celebraciones, reuniones de carácter religioso con el fin de bendecir a los animales, tanto domésticos como salvajes, se escriben artículos, y se hace mención a estos habitantes de la Tierra.

El único propósito es el de sensibilizar a los humanos con el fin de que tengan muy presente que, al igual que cualquier persona, merecen respeto y reconocimiento.

Es vital que cada ser humano despierte y tome conciencia sobre la importancia que tiene el proteger los diferentes hábitats y ecosistemas donde viven los animales porque esas zonas son sagradas, no solamente debido al hecho de que estén llenas de formas de vida y sean el hogar de millares de especies, sino porque cada ecosistema es un nivelador del equilibrio de este planeta.

Los animales son habitantes de la tierra, terrícolas igual que los humanos y merecen su espacio, merecen su libertad, merecen que dejen de perseguirlos por su piel, por sus colmillos o por cualquier parte de sus cuerpos.

Hace mucho tiempo que los humanos dejaron atrás la época de las cavernas y ya no necesitan perseguir más a los animales por esta clase de cosas.

Los animales son seres vivientes que han estado a nuestro lado desde hace miles de años y esa es una de muchas razones para que sean reconocidos todos sus derechos por parte de la humanidad.

Nuestra misión para con ellos es la de proteger, ayudar y cuidar a todas y cada una de las especies majestuosas, extrañas, diversas y maravillosas que comprenden el enigmático conjunto de seres vivientes de la Tierra y cada 4 de octubre, incluyendo a todas las especies del planeta sin ninguna distinción decimos...

¡FELIZ DÍA MUNDIAL DE LOS ANIMALES!
Darío Acosta

TERCERA PARTE
EL CONOCIMIENTO Y LA INFORMACIÓN, HERRAMIENTAS FUNDAMENTALES

Solo existe un bien: el conocimiento. Solo existe un mal: la ignorancia.

Sócrates

Conceptos básicos que debemos conocer por la protección de la naturaleza, el ambiente y los animales

Antes de empezar esta tercera parte, recuerde que daremos un pequeño vistazo a lo básico y para esto seleccionamos algunos conceptos para que todos nosotros como personas del común a quienes va dirigido este libro podamos tener una base inicial de cultura ambiental (tenga en cuenta que hay muchos conceptos y múltiples temas que usted deberá investigar por su cuenta).

Vamos a dar la definición de lo que es cada cosa, pero no como si fuera un diccionario, sino que cuando sea necesario y para que sea más dinámico algunas de las definiciones también llevarán una opinión o un punto de vista personal del autor sobre lo que está ocurriendo alrededor de ese concepto especifico, obviamente sin cambiar el significado de cada concepto; la idea es que no sea una aburrida sección de significados que a nadie interesa. Empecemos...

Ecología

La definición más clara y sencilla es: «**la ecología es la ciencia que estudia los seres vivos y su relación con el ambiente**».

Pero el asunto es más profundo de lo que pensamos porque a medida que nos vamos dando cuenta de cómo se relacionan los seres vivos con su ambiente, de cuáles son los riesgos para los diferentes ecosistemas del planeta, de cuáles son las dificultades y los sufrimientos que están padeciendo las diferentes especies que habitan en los diversos ambientes del planeta, y allí incluimos también a la especie humana, entonces, sin lugar a dudas, entendemos que la ecología moderna, como rama del saber, no se puede ni se debe quedar quieta simplemente en hacer unos estudios, sino que debe toma parte activa en aportar e intervenir con autoridad de ser necesario gracias a su conocimiento sobre las soluciones o medidas a tomar para resolver las dificultades que el ambiente y los seres vivos humanos y no humanos puedan tener.

Ecologista

Aquel que defiende el ecologismo.

No es tan sencillo como eso porque a un hombre o una mujer ecologista moderno no le basta solo con defender una rama del saber, sino que también debe ser un activista, en otras palabras alguien que no se queda quieto ante las cosas que no están bien ambientalmente y que hace algo para informar, pero además se pone manos a la obra para intervenir y remediar la situación.

Naturaleza

Hace referencia al mundo natural y todo lo concerniente a él; en otras palabras, son todas las cosas que son producidas naturalmente y se transforman, incluyendo a todos los organismos, todos los seres que nacen, crecen y mueren de manera natural sin la intervención del ser humano.

De la naturaleza forma parte el mundo natural, además el mundo material con todos sus fenómenos climáticos, geográficos, atmosféricos y, en general, todos los elementos naturales que hacen parte de la vida.

Hábitat

Es el lugar donde vive una comunidad de una misma especie (animal o vegetal). El hábitat debe cumplir con ciertas condiciones geográficas, climáticas y de carácter físico para que esa comunidad o ese organismo específico pueda vivir allí.

El hábitat, desde el punto de vista ecológico, es diferente del hábitat desde el punto de vista arquitectónico, que hace referencia a los lugares construidos por los humanos para ser habitados.

Biodiversidad y sostenibilidad

Los dos términos están ligados y para poder hablar acerca de esto es necesario tener muy claros los dos conceptos.

Biodiversidad

Tiene que ver con la múltiple variedad de seres vivientes que habitan el planeta y el entorno natural del que se rodean dentro de sus diferentes ecosistemas y cómo pueden ser afectadas por la creciente actividad humana; teniendo en cuenta lo anterior, podemos hacer una clasificación en tres variaciones:

- Biodiversidad genética: Está dada por las variaciones genéticas entre los miembros de una misma especie que habitan los mismos o diferentes ecosistemas, por ejemplo, osos polares y osos de anteojos, ambos pertenecen a la misma especie, pero sus variaciones genéticas los hacen diferentes.

- Biodiversidad de especies: Está dada por las diferentes especies que habitan los ecosistemas, por ejemplo, pájaros, insectos, felinos, peces, reptiles, plantas, árboles, etc.

- Biodiversidad de los ecosistemas: Está dada por la gran y rica variedad de ecosistemas de nuestro planeta, por ejemplo, el ecosistema del Ártico y el ecosistema Amazónico, entre otros.

Sostenibilidad

Es acerca del equilibrio que tiene que haber entre las especies y los recursos de los diferentes ecosistemas o del entorno en el cual habitan, en otras palabras, **la sostenibilidad hace**

referencia al uso racional por parte de las especies de sus recursos; es aquí donde la especie humana está fallando, pues estamos haciendo un uso no sostenible de nuestros recursos porque estamos sobreexplotando en todos los ecosistemas en los cuales estamos interviniendo.

La biodiversidad es aquella que nos brinda la naturaleza pero la sostenibilidad es nuestra responsabilidad como especie dominante en el planeta y esa responsabilidad tiene que ser compartida por todos los seres humanos.

Biodiversidad y sostenibilidad están ligados inevitablemente y lo que tenemos que lograr es un equilibrio perfecto entre lo que tomamos de la Tierra y la oportunidad que le otorgamos de que se recupere.

Ambiente

El ambiente es todo lo que rodea a un organismo biológico; dicho de otra forma, son todos los componentes de carácter biológico, físico y químico externos que interactúan con los seres vivos y que afectan sus vidas de diversas formas. El ambiente comprende todo el entorno o el espacio alrededor de los seres vivos y en donde estos interactúan con el clima, el agua, el suelo, el aire, otras especies, miembros o individuos de su propia especie, objetos o cosas propias de las regiones que también entran a formar parte del ambiente.

Cadena alimenticia

También llamada cadena trófica, está formada por las relaciones que se dan entre organismos productores, consumidores y descomponedores.

La cadena alimenticia hace relación directa sobre todos los individuos de determinadas especies animales o vegetales que se comen a individuos de otras especies o de la propia para sobrevivir y poder alimentarse en un ciclo natural que se renueva continuamente.

La cadena alimenticia tiene su origen en los vegetales (productores) que han adquirido su energía de la luz del sol, el agua y nutrientes de la tierra creando frutos que servirán de alimento a diversas especies animales que, al mismo tiempo, servirán como fuente de alimento para otras especies diferentes de animales (todos son llamados consumidores). Y al final de la cadena, cerrando el ciclo, encontraremos a los hongos y bacterias (descomponedores), encargados de descomponer los desechos de las plantas y los animales para que vuelvan a producirse elementos que llegan a la tierra como nutrientes que, junto con la luz y el agua, permiten a las plantas vivir y desarrollarse para producir nuevamente frutos, lo que renueva una vez más el ciclo natural de la cadena alimenticia.

Zoonosis

Hace referencia a las enfermedades que son transmitidas de los animales a los seres humanos.

La transmisión de virus, infecciones y enfermedades de animal a humano ocurre especialmente cuando se tienen animales encerrados y amontonados en jaulas o en espacios muy pequeños que, por lo general, están desaseados en lugares como plazas de mercados, granjas o sitios destinados al sacrificio.

En muchos países, por lo general, estos lugares están ubicados en donde circula población humana, pero especialmente en donde no hay control de salubridad por parte del gobierno.

Los animales que están en esos lugares se encuentran en condiciones deplorables, están enfermos, muy débiles físicamente, heridos, aterrorizados y sucios, lo que es un caldo de cultivo perfecto para la propagación de infecciones y enfermedades de transmisión que pueden pasar de parte de los animales hacia los humanos.

La zoonosis también ocurre cuando existe interacción de los humanos y su ganado con la vida silvestre. Se expone al ganado a la propagación de bacterias y patógenos que vienen de la vida silvestre y pasan por el ganado, que actúa a manera de un puente para llegar como infecciones epidemiológicas a los humanos.

Cambio climático

En palabras muy simples, llamamos cambio climático a la variación global del clima en el planeta por causas naturales o por la intervención humana; aunque los humanos no son los culpables directos del cambio climático, podemos decir, sin lugar a dudas, que sí han contribuido negativamente y en gran medida o en gran proporción para acelerar el proceso.

La CMNUCC (Convención Marco de Naciones Unidas sobre el Cambio Climático), en el artículo N.° 1, hace la más clara y completa definición que podemos tener sobre el tema y lo define como: «Cambio atribuido directa o indirectamente a la actividad humana que altera la composición de la atmósfera mundial y que se suma a la variabilidad natural del clima observada durante periodos de tiempo comparables».

Gracias a la definición anterior, la CMNUCC hace una notoria distinción entre el cambio climático atribuido a las actividades humanas que alteran la composición de nuestra atmósfera y el cambio climático o variabilidad climática atribuida a causas naturales.

Este ritmo acelerado en la variación del clima deja ver de forma evidente que la mayor parte de los países no están preparados para hacer frente a los cambios que este fenómeno puede traer, no están listos para enfrentar las tragedias ambientales que se vienen encima, como el aumento en la temporada de huracanes, heladas más fuertes y más duraderas, cambios en los ciclos productivos para el cultivo de los alimentos, aumento en el nivel de los mares, fuertes temporadas de lluvias por encima de la media normal, gigantescas granizadas o inundaciones, grandes temporadas de sequias, etc. Todo esto se traduce en enormes tragedias que ya están dando como resultado multimillonarias perdidas económicas, desplazamientos de millones de personas de sus lugares de origen hacia otras zonas, pero lo peor de todo es la pérdida de vidas humanas y de muchas especies animales.

Calentamiento global

El calentamiento global es un aumento desproporcionado en la temperatura de la atmósfera de la Tierra que afecta a todo nuestro ambiente y provoca una crisis climática muy grave que perjudica todos los ecosistemas y la vida en el planeta.

La principal causa de este trágico asunto es el dióxido de carbono que se produce de manera principal en la combustión de productos derivados del petróleo, tales como gasolina y carburantes. Este gas también es producido por extracción de gas natural, que es empleado en la actividad industrial, y por la quema de carbón para producir energía calórica y energía eléctrica.

La quema de carbón, petróleo y gas son la mayor fuente de contaminación causante del calentamiento global y lo peor de todo es que son los países desarrollados, los países industrializados los que lo producen de manera desbordada.

- La siguiente causa más poderosa y que provoca el calentamiento global es el gas metano que, en su mayoría, proviene de la actividad agropecuaria.

- La crisis climática del calentamiento global es también originada por el hollín o carbono negro que, básicamente, son unas micropartículas que conservan el calor del sol en la atmósfera y se producen principalmente por la quema de bosques y pastizales que se lleva a cabo para darle diferentes usos a las tierras deforestadas. Miles de hectáreas son destruidas para agricultura, vivienda, industria maderera, etc.

Este problema viene especialmente de países en vías de desarrollo, a esto se le suma también los incendios forestales que ocurren en diferentes partes del mundo.

- Otra causa es provocada por el monóxido de carbono que proviene mayormente del funcionamiento de los motores de los automóviles.
- La última causa del calentamiento global es el óxido nitroso que proviene en gran porcentaje de la agricultura. Esta industria utiliza de manera prioritaria productos fertilizantes que traen amoníaco sintético. Estos, a su vez, incrementan la emisión por descomposición de las bacterias que brotan del suelo y suben a la atmósfera liberadas como óxido nitroso. Estos son asesinos de la atmósfera provocan el calentamiento global y todos son producidos por el hombre.

Entonces, ¿qué tenemos que hacer?

La respuesta es obvia: no producir más estos asesinos del planeta.

Fácil es decir «tenemos que eliminar estos contaminantes», pero realmente se torna complicado hacerlo y todo es por falta de voluntad humana, pero ¿por qué?

¿Por qué esta falta de voluntad? Resulta inquietante darse cuenta de que el ser humano no quiere hacer el esfuerzo de reemplazar estos agentes perjudiciales para la Tierra, pues vería afectados sus intereses económicos.

Lo que tenemos que hacer es tomar conciencia, no estamos viendo la gravedad de lo que le ocurre al planeta, tenemos que invertir en investigación para conseguir nuevos agentes no perjudiciales en el problema del calentamiento global y reemplazarlos por los que agudizan el problema.

Energías limpias o alternativas, renovables

Las energías renovables representan el futuro porque proceden de fuentes naturales y que podríamos llamar inagotables, como el sol, el viento, los mares, el calor del interior de la tierra, etc. Son las que llamamos limpias y amigables con el ambiente, la mejor alternativa para el planeta y para todos los seres que lo habitan.

El impacto ambiental que generan es mínimo en comparación con las llamadas energías sucias, que son las que han agravado el problema del cambio climático y la contaminación medioambiental.

Las energías renovables entregarán un servicio interminable a nuestras necesidades y gracias a que estarán disponibles para todas las personas, con el tiempo terminarán siendo gratuitas para la humanidad o a un costo muy bajo y, lo mejor de todo, con sistemas limpios y amables con el medio ambiente.

El costo económico inicial que cada Estado o Nación tendrá que asumir será alto al hacer la transición de energía sucia a energía renovable y limpia, pero con el tiempo los beneficios habrán hecho que el esfuerzo valga la pena.

En algunos países, ya está comenzando está transición.

Los beneficios son:

- Emisión cero, o en cantidades muy reducidas, de dióxido de carbono a la atmósfera.

- Residuos tóxicos al medio ambiente en cantidades mínimas y en el mejor de los casos porcentaje cero.

- Aumento de la capacidad energética de cada país.

- Reducción gradual de los huecos en la capa de ozono.
- Solución a problemas tan grandes como sequías, inundaciones, heladas y olas de calor entre otros.

La lista de beneficios que las energías renovables aportan al ser humano es muy amplia, pero ahora es importante mencionar cuáles son estas clases de energía limpia:

Energía solar: esta clase de energía es la que se obtiene por la recepción de la luz y el calor emanados por nuestro sol, y es transformada en energía eléctrica, calórica, lumínica, etc.

Energía eólica: esta clase de energía es generada por la fuerza del viento. En otras palabras, obtiene su fuerza de las corrientes de viento.

Energía generada por biomasa: esta se genera a partir de utilizar los residuos de materia orgánica o industrial emanados en procesos biológicos o industriales. Como ejemplos podríamos anotar los residuos o desechos animales que serían biológicos y los residuos que genera una fábrica de muebles, como el aserrín que serían industriales.

Energía oceánica o marina: esta se genera con el movimiento de los océanos y es una energía muy poderosa que se utiliza gracias a las olas del mar, las corrientes marinas, la salinidad del mar y hasta el calor de los mares.

Energía geotérmica: Esta clase de energía se obtiene del calor proveniente de las profundidades de la tierra.

Todas estas clases de energía se obtienen de varias maneras y se pueden también transformar en varias clases de energía según necesite el ser humano.

Con estas clases de energía renovable, el hombre podrá remplazar las energías sucias y contaminantes derivadas de la combustión fósil y las plantas nucleares.

Deforestación

Es una práctica humana ligada a la producción y la economía que se hace de manera legal y también de manera ilegal en donde se talan los árboles en enormes cantidades para aumentar la cantidad de tierras cultivables, también para la ganadería y para la explotación comercial de la madera entre otras actividades económicas.

La deforestación deriva en desaparición de bosques y selvas lo que tiene profundas consecuencias negativas como la reducción de hábitats, gran desequilibrio de los ecosistemas, enorme reducción de la biodiversidad, escasez de agua, erosión de los suelos, aumento en la producción de gases efecto invernadero y como consecuencia lógica se agrava la crisis del cambio climático.

Ecoturismo

La Sociedad Internacional de Ecoturismo lo define como «Un viaje responsable a áreas que conservan el ambiente y mejoran el bienestar de la población local».

Muy importante tener presente este concepto, sobre todo la parte en la que dice «un viaje responsable» porque todos los nuevos ecoturistas deben responsabilizarse por respetar el sitio al que llegan a visitar.

¿Cómo empezó el ecoturismo?

Todo este auge del ecoturismo empezó siendo una sencilla práctica vista por el común de la gente como una lejana y difícil aventura, que era solo para unos pocos locos y arriesgados amantes de la naturaleza, el hecho de irse a caminar o aventurar a un bosque, una sierra, una laguna, una playa lejana, etc., era algo extravagante, peligroso y además incomprendido por la mayoría.

Así que nadie sabe cuándo, ni puede decir con total exactitud en qué momento del pasado siglo xx las personas comenzaron a organizarse para salir del agobiante estrés de las ciudades y retornar al punto de origen de todos los seres humanos, la naturaleza.

Desde el crecimiento de las grandes ciudades, y aunque en todas las épocas existieron grupos de personas que se adentraban en selvas o bosques, estos eran realmente una muy pequeña minoría. Fue a mediados de los años ochenta cuando se comenzó a dar importancia y a denotar el creciente interés de mucha gente por buscar opciones de cercanía con la naturaleza, y para finales de la misma década y comienzos de los años noventa, el ecoturismo ya era visto y reconocido como un rubro económico que tenía signos de auge y crecimiento muy importante en el sector turístico.

En la década de los años noventa, fue el momento crucial cuando con más fuerza y repetidamente se seguían escuchando voces de ecologistas y movimientos ambientalistas a favor de esta práctica como una opción muy efectiva para el desarrollo sostenible de muchas comunidades sin tener que atentar en contra del ambiente y los animales que allí habitan.

El ecoturismo es un movimiento que crece más y que está llegando hasta nuestros días como toda una industria que da trabajo sostenible a muchas personas y sus comunidades mientras que, a la vez, crea conciencia sobre la protección de los ecosistemas de la Tierra.

¿Pero a qué se debe el crecimiento continuo del ecoturismo?

La respuesta es sencilla. Los humanos, aunque han maltratado mucho a la naturaleza por ignorancia y descuido, también la aman y les gusta sentirse parte de ella, por esto y salvo algunas excepciones que siempre habrá, a qué humano no le gusta escuchar el viento correr entre los árboles, escuchar cantar a los pajaritos, aspirar el aire puro de un bosque, sentir la arena en los dedos de los pies mientras está mirando y escuchando a las olas del mar fundirse con la vegetación en una playa virgen, quién se resiste a mirar una hermosa mariposa posarse en las hojas de un arbusto o, si es muy afortunado, guardar silencio y ver a un venado libre entre el follaje de un bosque. Todas estas son cosas maravillosas que el hombre de ciudad ha perdido y olvidado en la jungla de cemento en la que vive amontonado y estresado.

Piénselo en sus próximas vacaciones, la opción del ecoturismo aparece como una estupenda idea con la que, además de ayudar a las comunidades necesitadas de zonas alejadas, también estará ayudando y conectando con la Tierra, la naturaleza y otros seres vivientes.

Biosfera

Es la zona de la Tierra donde existe la vida; en la biosfera están agrupados los ecosistemas naturales y artificiales, terrestres, acuáticos y aéreos.

Ecosistema

Sistema biológico constituido por una comunidad de organismos vivientes y el medio físico en donde se relacionan entre sí, ya que son interdependientes unos de otros y, al mismo tiempo, son dependientes del entorno físico en el cual viven; ese entorno también se llama hábitat.

Ecosistema terrestre

Es un medio físico natural en el que organismos vivos del reino animal o vegetal, de iguales o diferentes características, conviven y actúan entre ellos por todos los lugares en donde hay tierra como por ejemplo la selva, las llanuras o los polos entre otros lugares.

El ecosistema terrestre tiene diferentes condiciones o características de acuerdo con la ubicación, clima, luz solar, temperaturas, altitud, etc., y de acuerdo con estas características serán habitados por diferentes especies animales y vegetales.

Ecosistema acuático

Es un medio físico natural habitado por especies animales o vegetales que viven e interactúan entre ellos en un medio acuático en donde todo está relacionado con el agua, como los océanos, ríos, lagunas e incluso riachuelos y charcos, entre otros.

Ecosistema aéreo

Es un medio físico, pero, a diferencia de los anteriores, se considera transitorio porque sus habitantes animales o vegetales no pueden estar de forma permanente, sino que salen o entran de él para bajar al ecosistema terrestre o acuático. En él encontramos todo tipo de aves y algunas especies de plantas que viajan de un lugar a otro movidas por el viento.

Ecosistema natural

Sistema biológico constituido por una comunidad de organismos vivientes y el medio físico en donde se relacionan entre sí, pero que se formó de manera natural, sin la intervención humana.

Ecosistema artificial

Este ecosistema, al igual que anterior, también está constituido por diferentes comunidades de organismos vivientes que lo habitan y se relacionan entre sí, pero no se formó de manera natural, sino que se formó con intervención humana y lo encontramos en toda clase de construcciones, como casas, puentes, parques, etc., que son habitados por diferentes especies animales y vegetales.

Capa de ozono

Es una de las capas que compone la zona de la estratósfera del planeta. Se caracteriza por tener enormes concentraciones de ozono y es muy importante porque protege a la Tierra y a los seres vivientes que la habitan de la radiación ultravioleta emitida por los rayos del sol.

Atmósfera

Es una capa de gas que envuelve al planeta y es fundamental para que prospere la vida. Permite que los seres vivientes que habitan la Tierra puedan respirar, además impide que los rayos del sol y la radiación penetren directamente afectando todo en la superficie. Sirve como un nivelador que contribuye para que las diferencias de temperatura entre la noche y el día no sean tan drásticas; a una mayor altura, la atmósfera se hace menos densa y el aire se reduce dramáticamente; del mismo modo en que es afectada la capa de ozono, toda la atmósfera en general viene presentando cambios por las actividades humanas, la contaminación y emisión de gases efecto invernadero en la superficie del planeta están trayendo grandes variaciones climáticas, provocando lo que hoy conocemos como el cambio climático.

Contaminación

Es cuando al ambiente natural, al ambiente urbano o a cualquier tipo de entorno ingresan elementos, objetos, sustancias radioactivas, sustancias químicas, gases, aguas residuales o sucias, toda clase de basuras, etc., que no tendrían por qué estar en esos lugares y que van afectando negativamente la vida de los seres vivientes que habitan allí. Al mismo tiempo, afectan gravemente el equilibrio ambiental, especialmente cuando se va desarrollando una gran acumulación de elementos nocivos en esos lugares.

Contaminación atmosférica

Esta clase de contaminación se debe a la combinación de eventos climatológicos de origen natural con partículas y materia altamente contaminantes provenientes de la actividad humana.

Lo primero que usted debe saber sobre contaminación atmosférica es que no se trata solamente del humo que sale por los tubos de escape de los automóviles o el humo de las industrias, sino que es un problema mucho más complejo de lo que se podría pensar. Este tipo de contaminación enrarece y pone muy pesado el aire y provoca molestias que pueden desencadenar problemas de salud en el organismo de los humanos, de forma individual o colectiva, lo que trae la muerte prematura a millones de personas, olores desagradables, reducción de la visibilidad, dificultad para respirar, dolores de cabeza, ojos llorosos, boca seca, infecciones pulmonares y toda clase de traumatismos respiratorios, entre muchas otras cosas más. El problema también lo deben enfrentar las demás especies que comparten el planeta al lado de la gente porque la aparición de este tipo de agentes o sustancias en el aire afecta directamente también a plantas y animales.

¿Dónde o por qué se origina?

La contaminación atmosférica tiene que ver con la aparición en el aire de toda clase de partículas y sustancias, materiales, gases tóxicos e incluso formas de energía.

En la actualidad, la contaminación atmosférica se presenta en menor proporción por causas naturales, como la erupción de un volcán, un incendio forestal o materia orgánica en descomposición. En estos casos, la naturaleza resuelve esta clase de problemas con el paso del tiempo y el transcurrir del ciclo natural de las cosas. Aunque pueden provocar emisiones muy grandes, son de tipo cíclico natural, por esto decimos que es la menor proporción del problema. En cambio, la contaminación de la atmósfera que tiene su origen por las actividades del hombre es el verdadero peligro de grandes proporciones, se deriva de los procesos industriales para fabricación de productos y la quema de combustibles fósiles para obtener energía. Esto es lo que está trayendo a la sociedad humana y al planeta toda clase de dificultades.

Puntos emisores de contaminación fija

Tienen su origen en las chimeneas de edificaciones para generación de calor, las cocinas de millones de personas que hoy, en pleno siglo XXI, todavía preparan sus alimentos en hornos de leña, las que producen energía eléctrica y las compañías con diversos procesos industriales, como las siderúrgicas, que emiten a la atmósfera enormes cantidades de partículas contaminantes. Están también las refinerías petroleras que lanzan al aire y a la atmósfera gigantescas cantidades de óxidos de azufre, amoníaco, humos y partículas; a todo lo anterior, podemos agregar también toda la industria química que diariamente arroja a la atmósfera grandes cantidades de nieblas de ácidos sulfúrico, nítrico y sulfúrico, que dan lugar a la producción de olores desagradables.

Puntos emisores de contaminación móviles

De origen humano también son los gases lanzados a la atmósfera por los tubos de escape de todo el transporte terrestre que necesita quema de combustibles fósiles para generar energía con el fin de mover toda clase de vehículos, como aviones, barcos, camiones y automóviles que, en general, a diario arrojan a la atmósfera y al aire que respiramos toneladas de monóxido de carbono, hidrocarburos, compuestos de plomo, entre otros, y material particulado perjudicial al organismo.

¿Por qué no se puede resolver este problema fácilmente?

Para los humanos, resulta sumamente difícil y se vuelve demasiado complejo poder resolver este terrible problema porque todo su modelo de consumo y todo su aparato productivo, junto con la manera de hacer las cosas, está ligado a este tipo de actividades productivas contaminantes y existen poderosos intereses económicos que no tienen la menor voluntad de hacer un cambio, ya que podrían perder sus posiciones privilegiadas de poder y sus multimillonarias ganancias económicas. Entonces, influyen en la política, la economía, las comunicaciones, etc., para que el aparataje económico siga como va sin importarles el deterioro del ambiente, la naturaleza y la salud humana de las personas en general.

Las personas y las demás especies del planeta tienen derecho a respirar un aire limpio y disfrutar de una atmósfera descontaminada, pero para que esto ocurra debe darse un cambio de paradigmas, un despertar en la conciencia colectiva de todos para girar hacia sistemas de energía limpia, dejando de lado el beneficio de unos cuantos para dar un giro radical como humanidad y buscar el bien de las mayorías, esto quiere decir para todos y para nuestras futuras generaciones.

El planeta por si solo puede regenerarse y limpiar el aire que todos respiramos, pero necesita de la colaboración humana para cambiar del ciclo energético industrial, sucio y contaminante, a un ciclo de energías limpias y amigables con la Tierra.

Está en la sociedad civil presionar a sus gobernantes por un cambio para poder resolver estos problemas de contaminación en general. Si no nos movilizamos, si no hacemos algo, nadie lo va hacer por nosotros.

Contaminación auditiva

Podríamos decir que es un exceso de sonidos combinados, o más bien mezclados con ruidos, estallidos, estruendos, etc., que alteran el entorno ambiental de los seres humanos y de los animales.

A pesar de ser un muy grave problema que el hombre moderno está padeciendo, no se están tomando las medidas necesarias para contrarrestarlo y se podría decir que la contaminación auditiva del medio ambiente urbano se ha extendido en todo el mundo y es un problema que se puede encontrar en casi todos los países.

El acoso sonoro al que se ven sometidas las personas está contribuyendo a provocar serios episodios de estrés, pérdida del nivel de audición pérdida del sueño, mareos, pérdida del equilibrio, confusión mental, en fin, toda una gran gama de problemas físicos y psicológicos.

La dificultad más grande radica en que el problema, por ser la suma de muchas cosas, no es fácil de identificar y es mucho menos fácil de combatir.

Los diferentes Gobiernos del mundo hacen campañas de erradicación e información a la ciudadanía, pero estas no son continuas en el tiempo, trabajan en un aspecto o arista del problema y este aparece por otro lado, lo combaten por ese otro lado, pero al poco tiempo vuelve a aparecer donde ya se había combatido y así continua el ciclo.

Entonces, ¿cómo combatir este tipo de contaminación? La respuesta tal vez estaría en identificar las raíces o fuentes más sobresalientes del acoso auditivo, hacer campañas continuas y consistentes en el tiempo, promover leyes contundentes para reubicar, disminuir, minimizar y terminar con el ruido provocado.

Entre las fuentes principales del problema de la contaminación auditiva encontramos vehículos a motor, en mayor proporción los modelos más anticuados o los modificados por sus dueños, vehículos para transporte nacional e internacional, como los aviones (aquí el problema se agudiza en los casos donde los aeropuertos quedan ubicados dentro de las ciudades), establecimientos de ocio como discotecas y bares, las industrias y talleres artesanales localizados dentro del entorno urbano, la construcción de obras públicas que necesitan utilizar maquinaria pesada y muy ruidosa, altavoces o megáfonos publicitarios en centros de comercio, música puesta desde sus casas a enormes volúmenes de sonido por parte de vecinos inconscientes y maleducados, entre otras.

En teoría, esta clase de contaminación debería ser más fácil de combatir que otros tipos de contaminación que agobian al planeta; pero, como siempre, se debe contar con unidad ciudadana y mucha colaboración por parte de todos nosotros para ejercer presión y lograr así un compromiso de acción continuo en el tiempo de las entidades encargadas en las diferentes ciudades y países del mundo donde se sufre por esta clase de contaminación.

Contaminación visual

La contaminación visual del paisaje urbano o rural es un problema muy serio que está trayendo bastantes complicaciones a la salud de los humanos y, en algunos casos, también de los animales. Este problema visual afecta a las personas, tanto en la parte emocional como en la parte física, y viene provocando un serio impacto medio ambiental en varias regiones del planeta.

Pero ¿qué es la contaminación visual?

Es una sobreexposición muy agresiva a estímulos visuales que se repite de manera masiva y constante en el tiempo sobre los individuos humanos y no humanos de un determinado tipo de ambiente. Se origina en la acumulación exagerada de materias primas, productos de todas clases, desechos (que también forman parte de otros tipos de contaminación) y toda clase de elementos creados a partir de las actividades del hombre como carteles, cables, postes, avisos, pendones, anuncios pasa calles, entre muchos otros, que van alterando continua y progresivamente la tranquilidad visual de las personas y la armonía del medio ambiente urbano o rural.

Este tipo de contaminación es muy peligrosa porque entra por los ojos, ataca de manera silenciosa y va obligando a los individuos a caer en un ciclo interminable que lentamente los va llevando a tener trastornos emocionales y físicos seguidos de mucho estrés.

Toda esta sobrecarga visual finalmente termina menoscabando la calidad de vida de una persona y si a esto le sumamos la temida contaminación auditiva, el smog y todos los problemas contaminantes que el mismo hombre se ha creado es de esperar que los efectos en la salud no sean los mejores.

En el medio ambiente rural este tipo de contaminación hace que se deteriore el equilibrio ecológico y esto provoca que especies nativas de la región afectada se vean obligadas a retirarse, lo que quiebra el balance del lugar.

La solución nuevamente vuelve a estar en las manos de los ciudadanos y sus gobernantes, que son quienes tienen que tomar las medidas necesarias para detener este flagelo que azota a los humanos de manera silenciosa pero constante y cada vez más fuertemente.

Contaminación biológica

Se presenta debido a todos los desechos orgánicos o biológicos que se originan en mayor proporción por la especie humana y en menor proporción por el ganado u otros seres vivos cuando estos desechos entran en contacto con el ambiente y van disminuyendo, degenerando y finalmente dañando la calidad del aire, del agua o de los suelos por medio de bacterias, hongos o virus.

Basura

Son todos los desperdicios de materiales, comida, papeles, ropa vieja, partes electrónicas, escombros, productos oxidados, productos en descomposición, etc., que se desechan a diario en un hogar o lugar de vivienda humana.

Basura tecnológica o electrónica

Son todas las partes provenientes de aparatos de carácter tecnológico, ya sean del tipo eléctrico o electrónico, que dejan de ser útiles porque cumplieron su tiempo de servicio o porque se dañaron y se convirtieron en desechos; a este tipo de basura se le conoce por la sigla RAEE (residuos de aparatos eléctricos o electrónicos).

Este tipo de basura se viene convirtiendo en un enorme y profundo problema porque trae una gran contaminación ambiental, además es muy perjudicial para la salud humana y de las demás especies del planeta en general.

Basura nuclear

Son todos los desechos que se derivan de la actividad industrial del hombre para producir energía nuclear que van dejando un enorme problema por su altísima peligrosidad y la tremenda duración a lo largo del tiempo. Estos residuos son de muy difícil manejo por su elevado nivel radioactivo, contaminan y van deteriorando la tierra, el aire y el agua, y pudren todo a su alrededor. Dejan el ambiente completamente arruinado e inhabitable no solamente por unos meses o por unos años, sino por muchas décadas y, en algunos casos, por muchos siglos.

Efecto invernadero

Es un fenómeno que se da cuando ciertas clases de gases son emitidas de forma natural por el planeta, como el vapor de agua, óxido de nitrógeno y ozono, entre otros, pero además por las que son emitidas en grandes cantidades por actividades humanas en las industrias, por ejemplo la explotación de combustibles fósiles y la ganadería que emanan dióxido de carbono, metano, monóxido de carbono. Por su gran cantidad, estos gases se quedan en la atmósfera sin poder disiparse rápidamente y retienen o no permiten que parte de la energía que se emana del suelo salga después de haber sido calentado por la radiación solar, lo que produce inevitablemente un efecto de calentamiento planetario. Este fenómeno es muy parecido al ambiente cálido que hay dentro de los invernaderos, donde se mantiene elevada la temperatura de manera artificial. De allí deriva el nombre de «efecto invernadero».

Dicho nuevamente pero con palabras sencillas, el efecto invernadero ocurre cuando nuestro sol, con su radiación, calienta el planeta. Los rayos chocan contra el suelo, suben la temperatura y rebotan para salir nuevamente, pero no pueden hacerlo de forma normal por los gases que están aglomerados en grandes cantidades en la atmósfera y que impiden que salgan los rayos del sol cuyo calor provoca que la temperatura de toda la Tierra aumente.

De forma natural, el efecto invernadero es fundamental en el ciclo climático normal del planeta, pero la aglomeración de gases que potencia negativamente este fenómeno lo convierte en un problema muy grave para la Tierra y todos sus habitantes porque al no poder liberar calor naturalmente y al irse calentando cada vez más, se empieza a crear un desequilibrio climático que va afectando negativamente la vida y sus ciclos naturales y trae, en unas partes del mundo, inundaciones, en otras sequías, el deshielo en los polos que deja como consecuencia aumento en el nivel de los mares, cambios de temperatura que afectan las cosechas, perdidas económicas, pérdidas de vidas humanas y animales, etc.

Combustibles fósiles

Se forman a partir de la acumulación de enormes cantidades de restos orgánicos animales y vegetales que se han ido descomponiendo y transformando a lo largo del tiempo (miles de años) y son básicamente cuatro: el petróleo, el carbón, el gas natural y el gas licuado del petróleo; son recursos no renovables que producen la llamada energía sucia.

La explotación de estos combustibles para extraer energía con el fin de suplir las necesidades de los humanos ha convertido a esta actividad en uno de los ejes económicos fundamentales por los cuales funciona el mundo, pero, por desgracia, al mismo tiempo, la extracción, producción y utilización masiva de los combustibles fósiles emana diariamente gigantescas cantidades de gases efecto invernadero a la atmósfera, lo que afecta muy negativamente al ambiente de nuestro planeta por la enorme contaminación producida y agrava e incrementa la crisis climática y perjudica la vida vegetal, la vida animal y la vida humana, lo que nos lleva a un punto de no retorno que podría ser desastroso para todos en el planeta.

Por esto es fundamental que encontremos, como la especie inteligente que somos, la forma más rápida y efectiva para dejar atrás la explotación de los combustibles fósiles que producen la llamada energía sucia, perjudicial para todo el planeta, y optar por un cambio a sistemas de producción ecológicos con las llamadas energías limpias renovables, ambientalmente amigables con todos y con todo, que además son favorables con la vida.

Crímenes ambientales

Son toda clase de delitos que se cometen en contra de la naturaleza, el ambiente y en contra de los seres que lo habitan; podríamos decir que es una categoría de crímenes relativamente nueva en la historia del mundo, ya que esta clase de infracciones hasta hace muy poco tiempo no se tenían en cuenta como si fueran delitos de importancia. De tal forma que se empezaron a juzgar por la década de los setenta del pasado siglo XX de una manera muy tímida o intrascendental, pero con el paso del tiempo y el crecimiento de los problemas de carácter ambiental las legislaciones de los diferentes países en el mundo se han ido adaptando y actualizando para castigar estas infracciones.

En la actualidad, en el mundo no existe un criterio unánime en cuanto a cómo tratar o penalizar lo que podría ser un crimen ambiental, esto varía según la legislación de un país comparada con la legislación de otro país, pero sí existe un consenso general en cuanto a algunos crímenes ambientales comunes en muchas partes del mundo, como por ejemplo el comercio ilegal de especies en peligro de extinción, la tala indiscriminada de selvas y bosques, las quemas de las selvas, pesca ilegal, caza ilegal, explotación ilegal de recursos minerales, comercio fraudulento y prohibido de químicos y materiales nocivos a la capa de ozono, contaminación de las fuentes hídricas, contaminación por desechos tóxicos arrojados al ambiente sin los controles adecuados, etc. Todos los anteriores y muchos otros delitos de esta clase encajan perfectamente en la categoría de crímenes ambientales y se penalizan de diferente forma de acuerdo a la legislación de cada país.

No sobra decir que, tratándose de crímenes ambientales, en algunos países las leyes son mucho más eficaces a la hora de impartir justicia que en otros países.

Impacto ambiental

Es la consecuencia positiva o negativa que producen las actividades y las intervenciones humanas sobre el ambiente y esto puede resultar en daños ambientales de grandes magnitudes o, por el contrario, en regeneración y recuperación ambiental positiva para el ambiente.

Un ejemplo de impacto ambiental terriblemente negativo derivado de las actividades humanas es el de los millones de toneladas de plástico que están llegando a los mares cada año y que contaminan el ambiente marino, causan daños irreparables a la naturaleza y cobran la vida de miles de animales que quedan atrapados en los residuos plásticos, o los animales que se alimentan con partes plásticas por confundirlas con comida y luego mueren en terrible agonía.

Por el contrario, un ejemplo de impacto ambiental positivo derivado de actividades o iniciativas humanas podría ser la siembra de árboles en zonas que han sido taladas y que recupera un ambiente árido para convertirlo en una zona ambientalmente sana y llena de vida a donde está regresando la fauna silvestre.

Ecocidio

Es un daño ambiental a una escala sin precedentes que destruye las tierras o contamina la naturaleza y extermina casi por completo o en su totalidad a algunas especies y, en el peor de los casos, a todas las especies animales o vegetales que habitan en los diferentes ecosistemas incluyendo en esta tragedia al hombre.

Un ejemplo muy claro de ecoicidio es lo que actualmente está ocurriendo con la Amazonia, en donde se vienen arrasando de forma devastadora las selvas de uno de los ecosistemas más importantes para todo planeta por ser, junto con los ecosistemas árticos, estabilizador del clima global y uno de los mayores generadores de oxígeno.

El ecoicidio que vemos del Amazonas se debe a varios factores como la expansión de la ganadería, culpable de la deforestación desbordada, la minería legal e ilegal y la agricultura en menor proporción.

Recursos naturales

Son los componentes del mundo natural que proporcionan a los seres vivientes las cosas que necesitan para la supervivencia en los diferentes ecosistemas o diferentes partes del planeta a los que pertenecen. En el caso de los humanos, además de proporcionar lo esencial para la supervivencia, los recursos naturales también brindan una mejor calidad de vida, crecimiento de la sociedad en muchos campos, como el económico, el científico, etc.

Los recursos naturales son utilizados por las especies silvestres de una forma directa, por ejemplo un animal que bebe agua (recurso natural) para sobrevivir o cualquier otro animal que come pasto en las llanuras (recurso natural) también para sobrevivir.

En el caso específico de los humanos, pueden utilizar los recursos naturales de una forma directa o transformarlos en diferentes bienes y servicios que les brindan mejor calidad de vida. Un ejemplo sencillo, entre muchos que se podrían dar, es el del oro (recurso natural del tipo mineral no renovable), que se extrae de la tierra en bruto y se puede transformar en finas láminas conductoras de energía que sirven para múltiples aparatos tecnológicos que brindan bienestar al hombre.

Recursos renovables

Son todos los recursos que extraemos de la Tierra y que, gracias a su proceso de regeneración natural, vuelven a estar disponibles más rápido que el consumo que requiere la especie humana. Gracias a su proceso natural regenerativo, este tipo de recursos naturales no están en riesgo de ser agotados, por ejemplo la luz del sol (energía solar), los vientos (energía eólica), la fuerza de las mareas de los océanos (energía marina), la energía hídrica de los ríos (energía hidroeléctrica), los recursos del mundo vegetal (madera, toda clase de frutos y alimentos), etc.

Recursos no renovables

Son todos los recursos que extraemos de la Tierra y que son finitos; también encontramos los que por su proceso de regeneración natural no es posible que estén disponibles a tiempo para el consumo que necesita la especie humana, ya que se regeneran a un ritmo más lento que la demanda necesaria para suplir las necesidades de las personas.

En este tipo de recursos, encontramos al petróleo, carbón, gas natural, oro, cobre y toda clase de minerales empleados por los hombres en el mundo moderno y que con el paso del tiempo van disminuyendo hasta agotarse definitivamente.

Consumo responsable

Tiene que ver con las elecciones que hacemos todos los días cuando adquirimos bienes o servicios.

Significa no comprar en exceso, pensando en los demás, dejar de comprar cosas que en realidad no necesitamos, preocuparse por saber de qué materiales están hechos los productos que compramos o de dónde vienen para no apoyar a las empresas que se benefician con la explotación de los animales o con la destrucción de la naturaleza.

Gestión ambiental

Trata sobre cómo dar manejo de manera inteligente, integral y oportuna a todo lo que hace referencia al ambiente para su protección, el cuidado de los recursos naturales, la defensa de las especies en peligro, el control de residuos o desperdicios que llegan a la naturaleza, al ambiente rural, al ambiente urbano.

Una adecuada gestión ambiental da prioridad de manera fundamental a políticas encaminadas a la prevención para detener posibles situaciones ambientales negativas desde antes de que puedan ocurrir.

Reciclaje

Es el proceso de reutilización, renovación y transformación de desechos de la sociedad humana que llegan a la basura para ser aprovechados nuevamente con el fin de fabricar productos nuevos o para elaborar materias primas que podrán ser utilizadas otra vez en los procesos productivos.

Gracias al reciclaje, se hace posible rescatar materiales como aluminio, metales, toda clase de plásticos, textiles, cemento, diversas clases de papel y cartón, entre muchos otros materiales que llegan a los basureros del mundo. Esto reduce los niveles de contaminación y la explotación de recursos naturales, contribuye a disminuir el uso de energía en las cadenas de producción y ayuda a optimizar el proceso productivo desde que es materia prima hasta que llega transformado en un producto al consumidor final que después de su tiempo de vida útil desechará para ser reutilizado nuevamente en un ciclo que resulta muy benéfico para la sociedad y el ambiente porque aporta en las economías y al mismo tiempo aporta en la descontaminación ambiental.

Biodegradable

Es todo aquello que se degrada o se descompone de manera natural bajo condiciones ambientales normales y por medio de la acción natural de organismos biológicos (bacterias, hongos) que degradan o descomponen de forma aerobia (con oxígeno) o anaerobia (sin oxígeno) cuerpos, sustancias, materiales, etc., en los diferentes elementos que los conformaban inicialmente.

En la medida en que la sociedad y sus procesos productivos se modernizan, se busca que los productos finales que se fabrican para ser vendidos sean biodegradables de tal manera que una vez se termine su vida útil estos productos puedan descomponerse rápidamente en la naturaleza sin que afecte de forma negativa al ambiente.

Por esto se recomienda, al comprar, buscar y preferir productos que estén hechos con materiales biodegradables y dejar de lado los que no lo son.

CUARTA PARTE
¿CÓMO EMPEZAMOS?

Da el primer paso con fe, no tienes que ver toda la escalera, basta con que subas el primer peldaño.

Martin Luther King

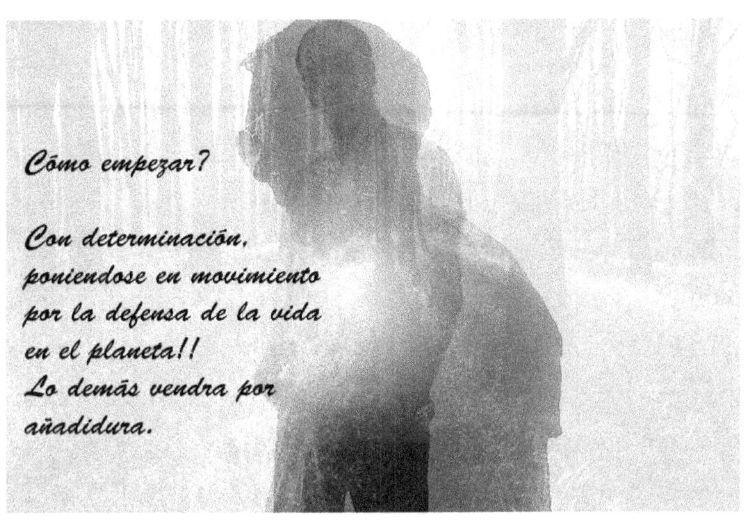

IDENTIFICANDO LAS RAÍCES DEL PROBLEMA CLIMÁTICO Y DE CONTAMINACIÓN AMBIENTAL

El cambio climático es un fenómeno cíclico en la historia del planeta, pero se acelera debido a nuestras actividades económicas e industriales lo que quiere decir que los humanos contribuimos negativamente a esa ecuación, lo peor es que se agrava por culpa de la corriente negacionista (más adelante veremos quienes son y porque lo hacen).

Estamos en un momento de la historia en este planeta en que los eventos naturales catastróficos derivados del cambio climático vienen en aumento, van creciendo en intensidad y podrían empezar a superar lo que humanamente podemos hacer como especie para contrarrestarlos. Pero tristemente podemos ver que una enorme cantidad de personas en todo el mundo no saben, no se enteran o, lo que es mucho peor, no les interesa lo que está pasando, pero resulta más grave que muchos de los que saben sobre la crisis climática niegan el cambio climático y no le dan la importancia que el problema requiere porque desprecian los estudios científicos, desprecian la información científica o no los toman muy en serio y a pesar de que han recibido algún nivel de información, no creen que pueda llegar a afectar sus vidas. Por esto no les interesa porque piensan que estos son eventos que ocurren en lugares y en países muy lejanos o desprotegidos y que les pasan a otras personas que nada tienen que ver con ellos, en otras palabras...

¡A mí qué me importa!
Como no soy yo el perjudicado, como no son mis
intereses económicos los perjudicados, entonces, al
diablo con los demás.

Esta es una postura francamente egoísta y errónea porque todo en la naturaleza y en el planeta está conectado, todo es una cadena de eventos entrelazados, lo que pase en una parte del mundo puede afectar a otra y, si no modificamos nuestra actitud frente al cambio climático, tarde o temprano la naturaleza nos cobrará a todos por igual como especie por lo que le hacemos o dejamos de hacer al planeta.

Es así como el grueso del asunto pasa por una total negación o una renuencia a reconocer la crisis climática que se nos está viniendo encima. Una postura obtusa que niega los eventos o las señales climáticas reales que nos viene dando el planeta como advertencia, señales que han sido medidas y monitoreadas por nuestros científicos en diferentes partes del mundo, quienes nos han venido advirtiendo e informando sobre los cambios que le vienen ocurriendo en materia climática a la Tierra, cambios que nos podrían afectar muy gravemente a todos como especie.

Esa postura intransigente de no reconocer lo que está pasando con el cambio climático en el planeta se debe a nuestro estilo de vida de derroche, de desperdicio, de un consumo exagerado. Porque como sociedad hemos construido todo nuestro sistema productivo sobre unas bases o ejes de la producción de bienes y servicios de una economía que, en esencia, es arrasadora y totalmente devastadora además de ser salvaje y que nosotros mismos como humanos empezamos a seguir desde hace más de un siglo con el nacimiento de la revolución industrial y la explotación de combustibles fósiles. Esto nos fue llevando por un camino de desarrollo productivo que, históricamente, fue muy importante, eso no se puede negar, pero que con el crecimiento de este a través del tiempo, ese sistema de producción se fue volviendo contra nosotros mismos y ahora poco a poco nos ha ido metiendo en un terrible embrollo climático, un problema gigantesco del cual es muy difícil salir.

Pero el problema climático cada vez es más complejo y no lo vamos a poder resolver dándole la espalda a la realidad y negando a la ciencia. Tampoco lo vamos a resolver únicamente con decirle a la gente que vaya en bicicleta a su trabajo, que ponga bombillas ahorradoras o que apague las luces que no está utilizando, porque ese límite ya lo rebasamos hace mucho tiempo.

¿Pero por qué a los negacionistas les resulta tan difícil aceptar el problema del cambio climático?

Tienden a desconocer la realidad por intereses económicos, por mantener posiciones económicas y geopolíticas dominantes, por negarse a dejar que nuevas tecnologías y nuevas actividades económicas, verdes y sustentables, reemplacen su actividad y su forma de crear ingresos, lo que provoca una fuerte resistencia al cambio.

La dependencia de los combustibles fósiles

Nuestro andamiaje económico global es dependiente de los combustibles fósiles porque la mayoría de los sistemas productivos y métodos de movilidad tienen una dependencia casi absoluta de estos recursos; por ejemplo necesitamos de forma monumental el petróleo que influye casi por completo en el transporte y en innumerable cantidad de compañías que procesan manufacturan y venden toda clase de productos de diversas clases que son derivados del petróleo.

Al mismo tiempo, el combustible doméstico industrial que diariamente utilizamos y nuestras centrales térmicas creadas para obtener la energía eléctrica que consumimos, las compañías de hierro y acero en diferentes partes del mundo dependen del carbón.

Simultáneamente, utilizamos gas natural en nuestras cocinas y en diversas industrias por todo el planeta.

Lo que ha ocurrido desde la Revolución Industrial hasta nuestros días es que hemos creado una total dependencia de estos combustibles fósiles que se convirtieron en una «adicción» que poco a poco nos viene llevando a la destrucción porque con el crecimiento poblacional mundial, y para suplir nuestras necesidades energéticas, necesitamos cada vez mayores cantidades de estos recursos. Por esto cada día que pasa crece la devastación, aumentan y se tecnifican los métodos de explotación y la depredación se vuelve global, se vuelve gigantesca.

Como ya lo dijimos anteriormente, a la humanidad le cuesta cambiar ese estilo de vida de derroche por uno más sensato, más consciente con el planeta y la naturaleza, pero todavía nos resulta más difícil cambiar todo el sistema económico basado en la explotación de combustibles fósiles del planeta (carbón, petróleo, gas natural) porque se verían afectados el sistema productivo predominante y los gigantescos intereses económicos de algunos Gobiernos de países poderosos, de multinacionales muy poderosas y de unos pequeños grupos familiares de personas privilegiadas e influyentes a nivel mundial que tienen toda clase de lujos gracias a la explotación de los combustibles fósiles.

Por estas razones, y como consecuencia lógica, esos Gobiernos de países poderosos, las mega compañías multinacionales y grupos adinerados de personas muy poderosas y privilegiadas no quieren cambiar, no quieren reconocer que se debe hacer de inmediato la transición a sistemas de explotación de fuentes de energías limpias, prefieren desconocer los informes dados por la ciencia y optan por utilizar su inigualable poder económico para obstaculizar, para retrasar las iniciativas de cambio a fuentes de energías limpias, a sistemas verdes renovables. Ellos utilizan sus influencias y poder económico para negar tajantemente el cambio climático; en otras palabras, a ellos no les importa la muerte de millares de personas en tragedias ambientales, tampoco les importa la devastación de la naturaleza, mucho menos les interesa la desaparición de múltiples especies animales o degradación progresiva del planeta en el que ellos mismos viven, dan la espalda a la realidad ambiental que se nos está presentando con tal de no perder sus posiciones de poder, con tal de no perder todos sus lujos y su estilo de vida adinerado de derroche.

El negocio de la ganadería y el consumo de carne

¿Pero el consumo de carne qué tiene que ver en todo esto?

Veamos de manera muy breve por qué el consumo de carne también afecta seriamente al ambiente del planeta y acelera la crisis climática, además de afectar la salud humana, y por qué no se admite por parte de los negacionistas como un hecho científico y además verídico.

Por increíble que pueda parecer, no es solamente la quema de combustibles fósiles, sino que también el consumo de carne forma una parte importante de lo que está llevando al planeta y a nuestra civilización, poco a poco pero irremediablemente, por un camino de tragedias climáticas de proporciones gigantescas.

El consumo de carne también es negado o minimizado porque, en general, toda la población humana desde el hombre de las cavernas ha venido consumiendo carne. Somos por naturaleza omnívoros y la carne siempre estuvo dentro de nuestro menú, siempre estuvo a nuestro alcance como una forma de supervivencia de la especie, eso es algo que no se puede negar, ya que el hombre cazaba para llevar la comida a la mesa de su familia.

El problema de consumir carne radica en que tampoco se entiende ni se conoce o se hace la conexión del consumo de esta con el cambio climático y de cómo este consumo carnívoro por parte de la humanidad viene afectando y agravando profundamente la crisis del clima por todo el planeta.

Con el crecimiento poblacional en todas partes del mundo a través de los siglos, o mejor aún de los milenios, la demanda de carne fue aumentando proporcionalmente cada día más. Entonces, para los que se dedicaban a esta actividad, el asunto fue creciendo y fue convirtiéndose en un súper rentable meganegocio, lo que hizo necesario tener mayores cantidades de ganado (vacuno, porcino, avícola, etc.). Con esto, se empezaron a requerir mayores extensiones de tierra para la tenencia de los animales, lo que trajo como resultado la tala masiva de enormes extensiones de selvas para la ganadería y las quemas de los bosques con la misma finalidad. Entonces, con el aumento global de ganado, sobre todo el vacuno (se calcula que actualmente hay más de tres mil millones de vacas en todo el mundo), aumentaron las emanaciones de gas metano que son lanzadas a la atmósfera por las vacas cuando mascan y digieren su comida y por sus flatulencias, que suben transformadas como gas metano, lo que suma de forma muy significativa, pero sobre todo muy negativamente allá arriba en nuestra capa de protección terrestre y agrava profundamente el problema del cambio climático, específicamente por el efecto invernadero del que ya hablamos en la parte tres del libro.

En cuanto a la salud humana

La Organización Mundial de la Salud (OMS) declaró que el consumo de carnes rojas y procesadas podría llegar a ser cancerígeno.

Pero antes de adentrarnos en el tema de la salud es necesario hacer énfasis en que:

Ecológicamente hablando, el consumo de carne, con toda su infraestructura cárnica a escala mundial, (sacrificio, producción, transporte, distribución y comercialización) es uno de los principales culpables de acelerar el cambio climático, lo que trae la crisis climática y el incremento de las tragedias ambientales que todos vemos en las noticias, además de que se consumen cientos de recursos, se gastan miles de litros de agua a diario y se destruyen vastas zonas de bosques para la ganadería.

En el año 2015, la OMS envió una alerta a todos los países del mundo informando que el consumo de carnes rojas, incluidas todas las clases de carne muscular de mamíferos como porcinos, vacunos, corderos, caballos, cabras y procesadas, estarían relacionadas con el desarrollo, en los humanos, de la terrible enfermedad conocida como cáncer. La noticia, que para muchos de los mejores médicos del mundo, también para los ecologistas, ambientalistas, activistas por los derechos de los animales era un hecho evidente e irrefutable, finalmente fue admitida por la OMS.

El grupo de expertos de la OMS dictaminó en ese año que existe evidencia suficiente para declarar que el consumo de carnes procesadas como el jamón, las salchichas, las carnes en conserva, las carnes enlatadas, incluyendo también todo tipo de salsas y preparaciones con base en la carne estaría seriamente relacionado con el cáncer colorectal y que las carnes rojas serían carcinógenas porque estarían ligadas al cáncer de páncreas y próstata.

Pero el problema va más lejos porque el consumo de carne no solamente provoca cáncer, sino también un sinnúmero de otras enfermedades que deterioran la calidad de vida de una persona.

Esta información se venía transmitiendo por diferentes organizaciones ambientalistas, ecologistas, veganos y vegetarianos, entre muchos otros grupos, pero estos grupos son muy pequeños en el contexto mundial, no tienen el poder de los medios de comunicación de su lado y tristemente la dificultad radica en que las personas, en general, son manipuladas mentalmente por los dueños de los grupos económicos y los medios de comunicación. El público en general solamente cree en lo que ve por la televisión y los periódicos que pertenecen a estos grupos económicos. Este tipo de informes como el que produjo la OMS por lo general son minimizados, son invisibilizados o se habla muy poco de ellos para que la información se olvide al poco tiempo y así sostener el negocio de la tenencia de ganado y la venta de carne a costa del deterioro ambiental del planeta y la salud de las personas, todo por dinero.

Es un buen comienzo que la OMS, por lo menos en cuanto al cáncer, lo admitiera y se pronunciara mediante una alerta para que fuera conocida por el público en general en el todo el mundo, de esta manera las personas pensarán en una forma de alimentación más saludable para ellos mismos, más respetuosa con la vida de los animales y más amigable con el ambiente.

¡Pero claro!

Los negacionistas siempre intentan desconocer los informes de la ciencia, los niegan rotundamente o los minimizan y en lo referente al consumo de carne lo hacen sobre todo dos grupos de personas. Por una parte, lo hacen los consumidores con su egoísmo porque ni siquiera quieren intentar, aunque sea por un día a la semana, dejar de comer carne, recuerden que estamos hablando de su propia salud y del futuro de sus propios hijos en este planeta. Y, por otra parte, lo hacen los productores por sus ganancias, por el dinero, para proteger su multimillonario negocio de producción de carne dentro de la industria cárnica. A ellos les tiene sin cuidado las alertas de salud que pueda hacer la OMS, a ellos no les conviene que la población en general se entere que consumir carne estaría relacionado con algunas clases de cáncer porque para ellos todo es negocio y por lo general a ninguno de estos dos tipos de personas les interesa reconocer que hoy en día el negocio de la ganadería y el consumo de carne, además de ser perjudicial para el ambiente, también es perjudicial para la salud humana.

Las implicaciones éticas y morales del consumo de carne

Antes de profundizar en este punto, es necesario aclarar que lo que resulta ética o moralmente intolerable para algunas personas no lo es para otras.

Para muchos, consumir carne es totalmente injusto y va en contra de la vida de otras especies de seres vivos que tienen derechos y consideran que hacer esto es algo totalmente reprochable. Pero para otros, por el contrario, no lo es, y niegan cualquier argumento al respecto porque para otras personas el hecho de pagar para que terceros maten animales para luego ir a los supermercados a comprar los pedazos de los animales muertos para comérselos no es un problema, para ellos no es un hecho moralmente censurable, mientras que para los que defienden la vida de los animales sí es un gran y enorme problema que resulta totalmente impensable, desagradable, mortificante, abusivo e injusto para con los animales, en otras palabras, el consumo de carne es algo totalmente cuestionable.

Nuevas generaciones y formas diferentes de pensar

Con la llegada de nuevas generaciones con nuevas formas de pensar, de ver la vida no solamente la vida humana, sino otras formas de vida, surgen alrededor del consumo de carne las implicaciones éticas y morales de tener que matar a otros seres sintientes habitantes del planeta que son inocentes. Su crimen es no tener nuestro mismo nivel de inteligencia y no tener nuestra misma forma física, los individuos de estas especies se mantienen encerrados para alimentarnos, para matarlos y así poder comernos las partes de sus cuerpos muertos, esas son las especies domésticas o, mejor dicho, especies esclavas, algo por lo cual los veganos y los vegetarianos vienen reclamando desde hace mucho tiempo. Para ellos es muy injusto desde todo punto de vista llevar a cabo estas prácticas y están en lo cierto. Si esto no fuera así, piense por qué razón los mataderos son lugares ocultos al público, son sitios alejados que por lo general quedan ubicados donde las personas no puedan verlos y se construyen así para que la gente del común no se entere de esta realidad, no se dé cuenta del horrible crimen, no escuchen los gritos de los animales, no vean la sangre y los trozos despedazados de sus cuerpos en una voraz matanza diaria en todos los mataderos del mundo de millones de animales para obtener la carne, esto es algo muy cruel en contra de otros seres vivos, es un auténtico genocidio animal.

Un día vendrá el respeto a la vida de los demás animales porque al igual que los humanos ellos también son seres sintientes y aunque no estén a nuestro mismo nivel de inteligencia, los animales también merecen y deberían tener el derecho de vivir sus vidas libre y tranquilamente.

Este asunto del consumo de carne siempre genera una polémica entre los que piden respeto por la vida de los animales y a los que no les importa el sufrimiento de los animales con tal de sentir el placer del trozo de carne de animal muerto en su boca.

Habría que reflexionar y hacer un esfuerzo por sentir empatía con el sufrimiento de los animales destinados al consumo humano y ponernos en la piel de ellos...

¿Qué tal si fuéramos nosotros?

¿No estaríamos suplicando por nuestras vidas?

¿No estaríamos pidiendo a gritos que respetaran la vida de nuestros hijos?

¿No estaríamos rogando de rodillas llorando para que no nos mataran y que no nos comieran?

¿No estarían las madres humanas suplicando que no las apartaran de sus pequeños hijos como los humanos hacen a los corderitos?

Esas cosas tan horribles son las que a diario le hacemos a los animales.

Si los mataderos tuvieran paredes de cristal, todos seríamos vegetarianos
Paul McCartney

Entonces, viene la pregunta:

¿Para usted es o no es moral y éticamente censurable el hecho de comer carne?

¿Sí o no?

Independientemente de su respuesta, es importante que usted tenga presente en su mente el hecho verídico de que los humanos somos omnívoros, lo que quiere decir que podemos, si queremos, dejar de consumir carne y que su consumo puede ser perfectamente reemplazado tanto en la parte nutricional como en la parte del gusto o el sabor. Hoy en día, los productos cárnicos pueden ser desplazados por productos de origen vegetal que imitan muy bien el sabor de la carne y cada día se perfeccionan más, al punto de que se hacen mejores en calidad pensando en su paladar. Los avances en la industria alimenticia han anunciado que en un tiempo no muy lejano se podrá comprar carne que proviene de laboratorios; actualmente, sabemos que vitaminas como la B 12, muy importante para el cuerpo humano y presente en la carne, puede ser consumida sin problema como complemento alimenticio mediante tabletas, pero hablando primero de forma responsable con un nutricionista que nos explique cómo hacerlo.

Conociendo aunque sea de una forma muy general todos los problemas alrededor del consumo de carne...

¿No estaría usted dispuesto a empezar a hacer un cambio en sus hábitos de consumo si sabemos que con esto usted puede ayudar en la lucha contra el cambio climático?

¿No estaría usted dispuesto a hacer un cambio en sus hábitos alimenticios por el respeto a la vida de los animales y para mitigar su sufrimiento?

¿No estaría usted dispuesto a empezar por lo menos haciendo un pequeño o mínimo esfuerzo sabiendo que con esto ayudamos al futuro de la supervivencia de nuestra propia especie en la carrera contra el tiempo para minimizar el cambio climático?

No pedimos que se vuelva vegetariano de la noche a la mañana ni mucho menos vegano (cualquiera de estas opciones sería lo ideal), pero sí le pedimos que empiece por hacer pequeños cambios en sus hábitos de consumo que, con el tiempo, pueden volverse grandes cambios en su vida que le darán satisfacción personal, bienestar y salud. Pero lo mejor es que, de paso, esos pequeños cambios en la dirección de una sana y deliciosa alimentación vegetal nos podrán ayudar a todos a derrotar la crisis climática, a combatir el sufrimiento y a salvar las vidas de millones de animales.

Tala de árboles deforestación a gran escala

Cada año en el mundo están siendo talados millones de árboles de forma masiva e indiscriminada sin tener la menor conciencia o consideración con el planeta, la naturaleza, el ambiente, la ecología y al final de todo eso sin pensar en nuestro propio futuro como especie porque somos nosotros mismos los que tarde o temprano nos veremos también severamente afectados.

La deforestación es provocada, casi exclusivamente, por la mano del hombre, que viene destruyendo la superficie forestal de todo el planeta de una manera rápida y devastadora.

Las selvas y bosques del mundo están desapareciendo a un ritmo de noventa mil kilómetros cuadrados al año, tal cantidad de terreno es más grande que la superficie que conforma a muchos países del mundo. Dicho de otra manera más explícita, cada año desaparecen o son talados en el mundo tal cantidad de árboles que podrían cubrir a un país como Portugal y a este ritmo tan desbordado, en muy pocas décadas, el mundo estará completamente despojado de sus árboles, que son los que limpian y purifican el aire que todos respiramos.

¿Pero cuáles son las causas que están provocando tan desbordada destrucción?

Podemos empezar mencionando a la industria maderera con todas sus multinacionales que derriban los árboles para producir diferentes tipos de productos derivados de la madera, como muebles de todas clases y también productos para la construcción.

La industria papelera con todas sus multinacionales que depredan aún más las selvas y bosques para mantener su producción de papel higiénico, servilletas, papel para revistas, etc.

Por otro lado, están las industrias de la agricultura y la ganadería que cada vez reclaman mayor cantidad de territorios talando y quemando para desarrollar sus actividades económicas, lo que da como resultado la desaparición de más selvas y bosques en el mundo.

Y en una menor proporción, pero no por esto menos preocupante, están los ataques, en diferentes partes del mundo, a muchas clases de árboles y pinos por especies invasoras de insectos como los escarabajos descortezadores y gorgojos de diferentes clases que atacan los pinos. En algunas zonas del globo, este tipo de plagas también se está convirtiendo en un mal de marca mayor al cual se debe combatir.

Los árboles son el hogar de muchas especies de animales que viven bajo su protección en los diferentes ecosistemas, los árboles transforman el dióxido de carbono en oxígeno y purifican el aire del planeta, los árboles sujetan la tierra contrarrestando de esta manera las inundaciones, los árboles evitan la erosión, los árboles hacen parte de la fantástica y hermosa belleza natural de nuestro planeta.

> *Aún si supiera que el mundo se acaba mañana, hoy plantaría un árbol.*
> **Martin Luther King**

Tenemos que declarar una guerra frontal a la tala masiva, a las quemas indiscriminadas, ya sean legales y con mayor razón las ilegales. Por esto es necesario robustecer la ley ambiental para que sea posible hacer cumplir las leyes en defensa de selvas y bosques, además se deben hacer campañas masivas proyectadas a varios años de siembra de árboles, se tiene que crear batallones preferiblemente del ejército en cada país dedicados exclusivamente a patrullar para proteger la riqueza forestal porque se está poniendo en peligro el futuro de todos en el planeta.

La contaminación plástica

Una de los problemas más grandes de contaminación que enfrenta la humanidad actualmente tiene su raíz en la producción de plástico que nos inunda de manera monumental y la peor parte del problema se la están llevando nuestros ecosistemas marinos porque a diario millones de toneladas de plástico van a parar a los océanos del planeta. Esto está ocurriendo a un ritmo alarmante y al parecer para nosotros se ha vuelto una situación incontrolable de la cual no sabemos cómo salir.

El plástico es un material que por su sencilla adaptación y versatilidad para ser utilizado en infinidad de tareas, nos presta un enorme servicio, también nos ha facilitado mucho las cosas lo que ha hecho que este material se encuentre presente en casi todos los aspectos en la vida del ser humano y por lo mismo es utilizado para casi todo de manera cotidiana, desde el empaque de alimentos, pasando por prendas de vestir, toda clase de envases, juguetes, partes de electrodomésticos, además presta utilidad en casi todas las industrias como por ejemplo la química, la textil, automotriz, aeronáutica, etc. Pero es allí donde nace el problema porque como humanos nos plastificamos y lo volvimos un material prácticamente imprescindible en nuestras vidas a tal punto que estamos demandando toneladas anuales de este producto en todas sus variaciones para toda clase de usos.

Después de ser utilizado, la gran mayoría del plástico termina como basura en los diferentes vertederos del mundo, una parte de los productos de plástico se recicla para ser reutilizado, pero el mayor problema lo traen los llamados plásticos de un solo uso que se hicieron muy populares por nuestra arraigada cultura facilista de utilizar y tirar para no tener que lavar ni limpiar y no tener la necesidad de incomodarnos ni siquiera un poco. Productos plásticos como los pitillos o popotes, las bolsas del supermercado, los vasitos para refresco, botellas de agua, tapas plásticas de botellas, platos desechables, vasitos de café, entre muchos otros que se utilizan una sola vez y luego ya no sirven más. Esa clase de productos plásticos son los que tienen en jaque al planeta y sus diversos ecosistemas pero especialmente tienen en grandes dificultades a nuestros océanos junto con los animales que allí habitan y al final de toda esta inundación de plástico también está perjudicando a la humanidad.

Como ya lo dijimos, estos productos son arrojados a los vertederos en casi todos los países del mundo, pero por la falta de educación, la falta de infraestructura y tecnología para manejarlos adecuadamente también van a dar a los ríos, ruta por donde más tarde llegan hasta el mar trayendo toda clase de problemas a los ecosistemas marinos y a sus animales.

Al plástico desechado lo podemos encontrar en los mares y en prácticamente casi todas las playas de nuestro planeta, como viejas redes de pesca plástica, tiras plásticas y múltiples productos de un solo uso que se convierten en verdaderas trampas mortales y de tortura para los animales que quedan enredados o atrapados y sufren muertes horribles tratando de liberarse. La otra parte del problema es que los animales se comen estos desechos que entran en sus cuerpos enfermándolos y matándolos lentamente en doloroso sufrimiento, estos son los casos que todos hemos visto por noticieros o en las redes sociales, casos de aves muertas encontradas con tapas plásticas, botones plásticos y muchos otros pequeños pedazos de plástico en sus organismos, aves enredadas en tiras de desecho plástico o bolsas, tortugas que se comen las bolsas plásticas porque las confunden con su alimento y mueren ahogadas, delfines enredados y una infinidad de escenas tristes de animales muertos por causa del plástico.

¿Qué está pasando con la cadena alimenticia marina?

Sabemos que el plástico como desecho tarda en descomponerse cientos de años en el mundo natural, el problema crece cuando llega al mar porque después de un tiempo empieza a quebrarse o fragmentarse en partículas diminutas que no desaparecen, sino que empiezan a flotar libremente por los océanos para convertirse en comida de animales muy pequeños como los crustáceos. Para el ejemplo, imaginemos a los camarones que comen estos fragmentos plásticos y desde ese momento el plástico ya entro en la cadena alimenticia porque los camarones serán comidos por animales pequeños, que a su vez serán comidos por animales medianos, que también serán comidos por animales mucho más grandes y estos últimos serán comidos por los humanos, quienes los pescan por toneladas anualmente.

Entonces, todo empezó por el plástico mal gestionado por los humanos que pasó por los basureros, también fue a dar a los ríos y finalmente llegó a los mares, se deshizo en pequeñas partículas que se comió el pequeño camarón, pequeñísimos animales que comieron plástico pasando por toda la cadena trófica. Luego el hombre pescó en los mares y lo distribuyó en supermercados, cadenas de alimentos o restaurantes para ser comprado como alimento por personas comunes y es así como llegó a dar, finalmente, al organismo humano; sobre ese tema ya existen estudios que lo pueden corroborar.

Se sabe que ahora se está estudiando cuál es el nivel de toxicidad plástica que actualmente está entrando en el organismo humano y cuáles son los daños reales o las enfermedades que nos pueda estar causando.

¡Las islas de plástico!

Según nos ha informado la ciencia y los medios de comunicación, cada año, los humanos estamos tirando a los océanos más de ocho millones de toneladas de desperdicios de plástico que salen de todos los continentes y son llevados por las corrientes a unos determinados lugares mar adentro. Los desperdicios son empujados por remolinos marinos y las corrientes haciendo que se vayan acumulando toneladas de plástico que van formando no solamente una isla de desechos plásticos como se creyó inicialmente hace unos años, sino que serían cinco enormes islas de plástico ubicadas en diferentes lugares del planeta. Estas islas de plástico crecen diariamente y están empezando a competir en tamaño con la extensión de muchos países, lo que tiene alarmada a la comunidad científica y a todos los ciudadanos del mundo.

Por el momento, no se ve una iniciativa global a nivel de las naciones para poder revertir el problema porque como estas enormes islas de basura plástica se encuentran en aguas internacionales, ningún país quiere asumir el costo económico y la tarea titánica de limpiar del mar todas esas toneladas de plástico. Y es que, además, hacer ese monumental trabajo no es una tarea fácil porque estas islas plásticas no están formadas por una masa sólida que se pueda ir retirando por pedazos, sino que, por el contrario, son millares de piezas plásticas que permanecen juntas por efecto de las mareas, pero realmente no están sujetas unas a las otras y van flotando en aguas con corrientes marinas, lo que hace mucho más difícil reunirlas para su recolección.

Por fortuna, no todo es malo

Al momento, existe una iniciativa muy importante creada por el inventor holandés Boyan Slat, quien diseñó un sistema de limpieza en el mar que, al parecer, ha resultado muy eficiente para recolectar el plástico y limpiar los océanos que consiste en colocar una línea costera mar a adentro donde se encuentran las toneladas de basura plástica. Esta línea tiene una extensión de seiscientos metros, está conformada por un enorme flotador de forma tubular que, en su parte inferior y a lo largo de toda su extensión, lleva una membrana con un tamaño de tres metros de largo que va colgando hacia el fondo del mar.

Es una idea muy simple, pero al mismo tiempo resulta genial porque el flotador en forma de tubo impide que el sistema se hunda en el mar. Además, no deja escapar las piezas de basura plástica que van flotando por encima y, al mismo tiempo la membrana que va colgando hacia abajo, impide que pedazos plásticos más pequeños se puedan pasar o colar bajo el agua. Y lo mejor de todo es que la membrana crea una corriente hacia abajo que permite a los peces pasar sin quedar atrapados.

Para que todo funcione correctamente, el mecanismo trabaja con tres fuerzas naturales del océano, los vientos, las olas y las corrientes, de tal manera que el sistema y la basura plástica son empujados por la corriente, mientras que los vientos y las olas empujan solamente al sistema que va por encima de la superficie del agua. Como los residuos plásticos van ligeramente hundidos en la superficie y no reciben impulso del viento y de las olas, se consigue que el sistema avance más rápido que los plásticos, lo que hace más fácil que se queden atrapados.

El mecanismo lleva la parte más larga de la membrana hacia el centro del flotador tubular y con la presión natural de la corriente se va curvando como si fuera una enorme forma de U o, podemos imaginar, una boca abierta gigante, un embudo enorme que va enviando toda la recolección hacia el centro.

El sistema se orienta solo y se va dirigiendo de acuerdo con la dirección del viento, al igual que los desechos plásticos llevándolo automáticamente a donde se encuentran las mayores concentraciones de basura plástica.

Finalmente, toda esta espectacular idea funciona con energía solar y eólica que lleva un mecanismo de sensores que avisan cuando está lleno para que los barcos puedan ir a recoger el plástico recolectado.

Lo que usted vería desde el aire si fuera en un avión es un enorme tubo sobre la superficie que, cuando está lleno, parece una letra U mayúscula curvada y, en el centro, cantidades de basura plástica recolectada.

La idea es reciclar y volver a utilizar ese plástico que se recolecta del mar para utilizarlo nuevamente y así poder financiar todo el proyecto.

Para hacer posible todo esto, Boyan Slat creó una fundación sin ánimo de lucro a la cual llamó The Ocean Clenup, que está registrada en los Países Bajos y en los Estados Unidos y tiene como meta principal poder limpiar todos los océanos del planeta y erradicar las cinco islas de basura para el año 2040.

Es necesario entender que el plástico como tal no es el culpable de la enorme contaminación y de lo que le está pasando a nuestros mares, sino que la culpa la tenemos los humanos por el mal manejo que hemos dado a todo este problema.

También debemos comprender que el plástico forma parte de muchas facetas productivas de la vida y que su producción presta enorme utilidad, entonces, no se debe convertir en una especie de cacería de brujas contra toda la industria plástica. Pero lo que sí podemos hacer como personas del común para contribuir a mejorar las cosas en la lucha contra esta clase de contaminación tan nociva es dejar el consumo exagerado y la cultura de utilizar y tirar para hacer un consumo más consciente teniendo nuestros propios envases reutilizables. Se trata de ser más responsable y dejar de utilizar los plásticos de un solo uso, y además exigir a las empresas que no distribuyan más este tipo de productos y a los Gobiernos, que promulguen las leyes adecuadas para sacarlos definitivamente del mercado.

Desde el mundo empresarial, se pueden mejorar los sistemas de economía circular para gestionar mejor el plástico y hacer posible su adecuado manejo para reutilizarlo de la mejor manera posible, con el fin de disminuir de este modo la carga de basura plástica que va a dar a los vertederos.

Finalmente, otro desafío en el que tenemos que trabajar es cómo podemos hacer para implementar sistemas con el fin de impedir que los desechos plásticos lleguen a dar a los ríos y terminen en los mares del mundo.

El creciente número de automóviles en las ciudades

El automóvil, que por muchas décadas fue considerado, en lo personal y lo social, como un símbolo de prestigio, distinción y progreso, poco a poco se ha venido convirtiendo en un gran problema para todas las ciudades, pero con mayor notoriedad en las grandes metrópolis der todo el planeta.

En tiempos pasados, para muchos hombres y mujeres, por norma general era un motivo de gran orgullo decir «me compre un carro», como si esto fuese lo máximo o como si fuera un gran logro personal o familiar, pero la realidad es que los tiempos han cambiado y ese símbolo de estatus social ahora está pasando a convertirse en un problema para todos los ciudadanos en general.

Con el aumento de la población, crece el número de compradores o personas que adquieren vehículos, lo que en líneas generales tiene contentos a los fabricantes de carros, que todos los años dan a conocer cuánto creció su sector automotriz y qué proyecciones de crecimiento tienen para el otro año.

Si reflexionamos sobre este asunto del aumento en la proyección por ventas de carros para el año siguiente, lo que en realidad nos están diciendo es que seguirán promoviendo el crecimiento anual de más y más automóviles que circulan por las calles. Es allí donde nace, pero al mismo tiempo crece, el problema porque con más cantidad de carros en las calles y avenidas de todas las ciudades aumenta el caos con las grandes e interminables congestiones vehiculares. También se ve seriamente afectado el espacio público, aumenta el nivel de contaminación ambiental, aumenta el nivel de contaminación auditiva, crece el nivel de estrés, aumenta el nivel de las enfermedades respiratorias ocasionadas por el smog, se deteriora el ambiente urbano, se perjudica enormemente al planeta y a sus habitantes porque la polución provocada por los automóviles, sin lugar a dudas, es una de las principales causas a nivel mundial por acelerar el calentamiento global que nos trae como consecuencia la crisis climática y esta viene acompañada de las tragedias ambientales que todos vemos cada día con mayor frecuencia en los noticieros, las grandes sequías, enormes inundaciones, aumento de la temporada de huracanes, etc.

Pérdida de espacio público

Cada día vemos con mayor frecuencia cómo los automóviles han invadido el espacio público que debería ser para la mayoría de los ciudadanos. La gran cantidad de automóviles que circula o que están estacionados en calles y parqueaderos ocupa enormes porciones de espacio que tendrían que ser mejor aprovechadas para una mejor movilidad de los ciudadanos y para brindar una mejor calidad ambiental de vida a los mismos.

Hace algún tiempo, en Seattle, en los Estados Unidos, se hizo una prueba por las principales avenidas de la ciudad donde se utilizó una muestra de doscientas personas que ocupaban ciento diecisiete automóviles, lo que dio como resultado que tenían totalmente invadida y trancada la avenida que estaba en observación. Pero luego retiraron esa cantidad de vehículos de la calle y la reemplazaron por el mismo número de personas en el mismo espacio donde estaban los carros, solamente que ahora la gente estaba montando en bicicleta (todo se solucionó y el espacio se liberó instantáneamente). También reemplazaron los automóviles por una opcional línea de metro o incluso el mismo número de personas en tres buses, lo que dio como resultado que, obviamente, al retirar esa enorme cantidad de automóviles, el espacio público es liberado inmediatamente. Ante la contundencia de la prueba efectuada, no habría lugar a discusión sobre el problema de espacio público creado por los automóviles.

Pero dejando de lado la prueba de Seattle, fácilmente podemos deducir que reduciendo el parque automotor que quema combustibles fósiles se acaba la congestión y, obviamente, también mejora la calidad del aire.

Contaminación

Los carros particulares y en general todos los automóviles (motos, buses, ciclomotos, camiones, etc.) que son movidos por energía proveniente de la quema de combustibles fósiles son una enorme fuente de contaminación ambiental y un grave problema para el entorno urbano en todas las ciudades.

El perjudicial monóxido de carbono, los hidrocarburos y óxidos de nitrógeno que salen por los tubos de escape de los automóviles elevan las emisiones de gases perjudiciales que son liberados a diario en la atmósfera en cantidades enormes por todo el planeta.

Estas emisiones, como ya lo dijimos, aumentan el problema del cambio climático y además traen serios problemas de contaminación urbana y salud pública a los ciudadanos que se ven afectados por los efectos nocivos de respirar a diario un aire contaminado, y desarrollan con el tiempo toda una serie de enfermedades respiratorias que en muchas ocasiones conducen a la muerte.

La solución

Para resolver este problema debemos trabajar en varios frentes:

Tenemos que dejar de priorizar el automóvil particular y maximizar un transporte público multimodal colectivo y eficiente para los ciudadanos en todas las ciudades y países en el mundo.

Ese transporte multimodal debe fortalecer el uso de la bicicleta con buenos carriles de ciclo-rutas, también debe fortalecer el transporte público eléctrico amigable con el ambiente o medios ecológicos alternativos diferentes a los viejos y tradicionales, medios de transporte que se mueven utilizando energía derivada de la quema de los perjudiciales combustibles fósiles (la gasolina, entre otros).

Un robusto sistema de transporte multimodal debe ir perfectamente enlazado y trabajar en armonía con las diferentes líneas del metro que toda gran ciudad se supone debería tener.

Lo anterior fue visto a grandes rasgos porque los especialistas en transporte urbano y movilidad pueden aportar muchísimo para ayudar a contribuir con el tema de la contaminación ambiental en las grandes ciudades.

Es fundamental la colaboración de todos nosotros como ciudadanos para resolver este problema, tenemos que hacer un cambio de paradigma, un cambio en la manera de ver las cosas y un cambio en la actitud de los ciudadanos para con el uso de los automóviles.

Debemos dejar de pensar que si no vamos en carro particular al trabajo, a la universidad o al lugar de nuestras actividades diarias, perdemos estatus social. Debemos dejar de lado el bienestar particular a favor del bienestar general de toda la comunidad, tenemos que utilizar más la bicicleta, en lo posible ir al trabajo en transporte público y dejar el carro para los días de descanso y con todo esto cambiar el paradigma del automóvil.

Con voluntad ciudadana, con voluntad política y un liderazgo positivo de nuestros gobernantes, sumado al aporte de los expertos en movilidad y contaminación ambiental, podemos resolver el problema del gigantesco parque automotor en nuestras ciudades.

Consumo exagerado, un círculo vicioso

El consumo desmedido por parte de la humanidad contribuye también de forma muy negativa a la crisis del cambio climático, además de sumar de manera adversa a la contaminación, depredación y degradación de la naturaleza porque la sociedad viene arrasando de forma voraz con todos sus recursos naturales para adquirir una cantidad de bienes o cosas inútiles que no necesita.

Los procesos de producción requeridos para obtener toda esta cantidad de productos o cosas innecesarias que los medios y el mercadeo les están vendiendo continuamente las personas reclaman una enorme cantidad de recursos naturales. Al mismo tiempo, en el proceso de fabricación causan un impacto contaminante muy negativo sobre la naturaleza, que resulta seriamente afectada porque, además, no se le da importancia que se le debe dar al tema de la sostenibilidad ambiental. Como resultado de todo esto, podemos ver que no le estamos dando al planeta el tiempo necesario para que se regenere y cada vez tomamos más de lo que nos puede dar.

¡Compre, compre, compre!

El mercado, por medio de continuas y cautivantes campañas publicitarias, bombardea permanentemente la mente de las personas y los empuja a salir a comprar de manera desmedida artículos y bienes que realmente no les hace falta tener, todo para satisfacer un círculo vicioso consumista en el cual se le inculca al consumidor que tiene que estar continuamente comprando y cambiando por el nuevo modelo, la última generación, el más actual, el más moderno, el más *cool*...

Como si esto no fuera suficiente, además de la presión comercial que se implanta en la mente del consumidor para que siga comprando y volviendo a comprar, resulta que los productos que la gente está adquiriendo tienen un tiempo programado de servicio, lo que algunos han bautizado como la obsolescencia programada de las cosas.

Si un consumidor se resiste a tener que comprar nuevamente porque ve que todavía puede seguir aprovechando su producto y se hace inmune a las convincentes campañas publicitarias «Compre, compre», resulta que de todas maneras se va a ver forzado a comprar nuevamente porque la mercancía comprada viene con un tiempo programado de servicio, por tal razón, no le va a seguir sirviendo y el resultado final de esta astuta táctica comercial es que de todas maneras estará obligado como consumidor a volver a comprar.

Todo termina en un derroche de recursos para obtener artículos innecesarios que, en poco tiempo, como lo dicta la economía del círculo vicioso, estarán pasados de moda o serán obsoletos e inservibles, terminarán en la basura y todo volverá a comenzar para a comprar nuevamente.

Los problemas de este modelo económico vicioso y consumista son muy profundos porque traen al planeta presión continua sobre el mundo natural y, como consecuencia, la degradación ambiental, escasez de recursos naturales y un incremento desbordado en la cantidad de basura a nivel global.

¡Un cambio a consumo consciente!

Las nuevas generaciones traen diferentes formas de pensar con respecto a generaciones pasadas menos conscientes. Con el crecimiento de la ola verde ecologista y animalista, viene tomando fuerza la idea de consumir con conciencia ambiental. Además, con conciencia de equidad social de una manera sensata y sin excesos.

En palabras muy sencillas, es hacer un cambio en nuestros hábitos de consumo y una reducción de las cosas que adquirimos. Este cambio debe ser voluntario, de forma personal, pero también de manera grupal dentro de la sociedad para no derrochar los recursos que se extraen de la naturaleza, para escoger y comprar todos los productos que no impliquen explotación y extinción animal, que no provengan de empresas altamente contaminantes al ambiente. Por el contrario, se debe dejar de comprarles a estas industrias que contaminan o que se lucran de explotar a los animales para hacerlas de lado y empezar a comprar a aquellas organizaciones empresariales que en sus procesos productivos favorezcan la conservación, la protección del ambiente, el cuidado de los animales y que además promuevan la equidad social y la dignidad de las personas a nivel laboral.

Como ciudadanos del mundo, debemos contribuir con la lucha contra la crisis climática y de contaminación ambiental, somos nosotros quienes por iniciativa propia tenemos que tomar conciencia y hacernos responsables acerca del efecto positivo o negativo que podemos ejercer sobre el ambiente del planeta cuando hacemos algo tan sencillo y normal como salir a comprar cualquier cosa.

Para hacer una compra responsable, es necesario que nos preocupemos genuinamente por tener la información correcta acerca del producto que vamos a adquirir. Esa es la manera más acertada de poder ayudar de manera positiva a resolver los problemas que nos trae el impacto negativo de lo que compramos sobre la naturaleza y los animales.

Para consumir responsablemente tenemos que conocer:

- De dónde viene el producto que pensamos comprar.
- Cómo fue fabricado.

- Cómo tratan los fabricantes y dueños de la marca a sus empleados.
- En qué condiciones laborales los tienen trabajando.
- ¿La marca que nos gusta tiene quejas por parte del público por contaminación ambiental.
- Con cuáles materiales está confeccionado el producto que pensamos comprar.
- ¿La marca que nos gusta fabrica sus productos con base en la explotación animal?

¡No se preocupe!

Para conocer estas respuestas usted no se tiene que volver un investigador o un detective ambiental, tampoco va a gastar mucho tiempo haciendo esto, simplemente bastará con leer detenidamente las etiquetas de los productos que piensa adquirir y, por ejemplo, en el caso de la defensa animal, usted puede preguntar al vendedor acerca de los materiales con que está hecho el producto que va a comprar. Si le dicen que son pieles o cueros, entonces, lógicamente, usted ya sabrá que no lo debería comprar y sería mejor optar por un producto parecido, hecho de materiales modernos sintéticos que no impliquen explotación o crímenes contra los animales.

Es suficiente con entrar a las redes sociales de las marcas que nos gustan y a sus sitios web para conocer de primera mano la información que la compañía brida sobre sus procesos productivos a nivel ambiental y ver si nos convence o no.

Lo más importante al momento de entrar a las redes sociales de las marcas que pensamos adquirir es conocer lo que la gente está diciendo, lo que otros consumidores opinan, qué críticas y quejas existen sobre tal o cual producto, qué información se sabe sobre sus procesos de fabricación o el impacto que tienen en el ambiente y la explotación animal.

Algo muy importante que podemos hacer es consultar en las páginas de sitios ambientalistas que gozan de alto reconocimiento y gran credibilidad para preguntarles y así poder conocer lo que ellos tienen que decir acerca de los procesos productivos de las marcas o de los productos que estamos a punto de comprar.

Hoy en día gracias, al acceso a Internet, nos podemos enterar de muchas cosas y podemos conocer información para saber si la compra que estamos por hacer es responsable o no lo es.

Después de habernos informado apropiadamente en sitios creíbles y fidedignos, podremos estar seguros de que nuestra compra será responsable porque lógicamente habremos procesado en nuestra mente la información, utilizando el criterio ambiental de manera consciente para saber si vale la pena invertir o no nuestro dinero en la compra de un determinado producto.

Por último, debemos utilizar al máximo las cosas que compremos y no volver a comprar esos mismos artículos u otros que presten la misma utilidad sino hasta el momento en que los productos que tenemos actualmente ya no nos sirven más, cuando realmente se terminó su vida útil, ese es el momento adecuado para volver a comprar y no formar parte del circulo vicioso del consumo exagerado.

Comprando responsablemente le ayudamos muchísimo al ambiente, y contribuimos con la lucha contra la explotación animal.

Los océanos de la Tierra, una tragedia anunciada

Los océanos de la Tierra son una maravilla de la naturaleza. Enormes, con una proporción de agua ampliamente mayor que la que existe de Tierra. Profundos, con zonas mucho más hondas que cualquier zona conocida en tierra firme. Llenos de vida, con millares de especies de seres vivientes y con muchas más sin clasificar y quien sabe cuántas más de las que ni siquiera se tiene registro. Poderosos, con un potencial energético natural e invaluable para la humanidad.

Los océanos de este planeta presentan una de las mejores oportunidades para el desarrollo del potencial humano, pero a su vez también necesitan de nuestra protección y de toda la ayuda que les podamos brindar.

¿Cómo llegó el planeta Tierra a tener ese volumen monumental de agua?

Al parecer, la teoría más aceptada por la comunidad científica actual es que el agua llegó a la Tierra desde el espacio exterior en un cometa. En un principio, esta teoría no fue muy tenida en cuenta, pues las proporciones de agua que se podían registrar en los cometas no eran lo suficientemente grandes como para llenar un planeta y, por tal motivo, no tenían la suficiente validez. Además de esto, las concentraciones de deuterio e hidrógeno que se detectaba en estos cuerpos cósmicos siempre daban unas mediciones en proporción muy distintas a las que se encuentran en nuestro planeta, en otras palabras, la firma o composición química eran diferentes.

Para finales del año 2011, las cosas cambiaron radicalmente cuando un grupo de científicos y astrónomos examinaron el cometa llamado Hartley 2, con un tamaño de aproximadamente dos kilómetros de largo con agua, y ,además, encontraron que las proporciones de deuterio e hidrógeno eran muy similares, la huella química era bastante similar con la de este planeta. Lo que hace pensar que el agua pudo llegar en uno de estos cuerpos celestes tras un monumental choque contra la Tierra o por la sucesión de múltiples choques.

Existen otras teorías muy interesantes sobre cómo llegó el agua a la Tierra y cómo los océanos son lo que son. Entre ellas está la teoría volcánica, que dice que el agua surgiría a partir de erupciones volcánicas. Hay otra teoría que afirma que el agua siempre estuvo acá en el planeta desde la formación de las nubes de gases y polvo. Pero la de mayor aceptación hasta el momento (aunque con la ciencia todo puede cambiar) es la de que el agua llegó mediante un cometa.

Lo que sí se puede afirmar es que sin los océanos la vida sería radicalmente distinta a como la conocemos o, en el peor de los casos, la vida en este planeta no existiría, pues, como ya lo sabemos, sin agua no hay vida.

La franja oceánica está toda conectada en el planeta y es una sola, en realidad es un solo y gran océano que bordea y ocupa toda la Tierra.

Los humanos han hecho una división imaginaria en cinco grandes océanos que son: el Pacífico, con 200.700.000 km², el más grande de todos; el Atlántico, con 106.400.000 km²; el Índico, con 73.556.000 km², El Antártico con 20.327.000 km²; y el Ártico, con 14.090.000 km², el más pequeño de todos.

Dependiendo de la ubicación geográfica en el planeta, los océanos tienen distinta temperatura. De tal modo que en las regiones ecuatoriales el agua puede encontrarse entre los 24 a 28 grados de temperatura, mientras que en las zonas árticas el agua puede marcar temperaturas por debajo de cero grados.

Es tan importante todo lo que ocurre en los océanos que estos afectan toda la vida del planeta. Por ejemplo, mantienen regulada la situación climática en toda la Tierra con sus corrientes oceánicas, llevando corrientes frías a zonas de elevada temperatura y llevando corrientes cálidas a zonas frías. Esto funciona de manera casi milimétrica y cuando hay variaciones por diferentes motivos, muchas zonas en diversas partes pueden verse afectadas.

En el hermoso azul oceánico se encuentra uno de los espectáculos más bellos de toda la Tierra, los arrecifes de coral, ecosistemas vivientes que atraen millares de especies multicolores. Son organismos vivos que a su vez sirven de hogar y refugio para más seres vivos diurnos y nocturnos.

Los océanos son una gran y majestuosa zona llena de vida con una abundancia tan grande que existe más vida en sus profundidades que en toda la franja de tierra junta. Una vida diversa, maravillosa que se confunde, llega y se va en el infinito azul profundo oceánico. Las condiciones de vida son en extremo difíciles para todas las especies tan diferentes unas de las otras, tan exóticas. Unos lentos, otros en extremo veloces, unos minúsculos, otros tan enormes que estremece de solo pensar en tales tamaños, también pueden ir desde organismos microscópicos hasta los más grandes gigantes oceánicos. A medida que se desciende en las profundidades, se pueden encontrar criaturas extrañas como muy pocos humanos han visto con sus propios ojos, pero todas estas especies de seres vivientes están allí abajo en las profundidades coexistiendo en el ciclo sin fin de la existencia.

El deterioro de los océanos

A los humanos como especie dominante en el planeta corresponde la protección de los océanos y todas sus maravillosas formas de vida. Pero son los humanos los que han puesto a los océanos en dificultades, pues el calentamiento global está ocasionando la muerte de los arrecifes de coral y con ello una absoluta tragedia para todas las demás especies que dependen de él. Además de eso, la cacería y persecución de las ballenas, delfines, focas, tortugas, mariscos, tiburones, atún, bacalao y muchas especies más por parte de las multinacionales pesqueras y peleteras en el caso de las focas. Y a esto debemos sumar la contaminación provocada por las multinacionales petroleras que en su afán de dinero contaminan y enrarecen el ecosistema marino para extraer los sucios combustibles fósiles.

Todo esto está provocando un desbalance en el ciclo natural muy grave para la vida misma de los océanos y su inminente degradación que tarde o temprano afectará a todo el planeta.

Uno de los peores errores está en pensar que estos temas no tienen que ver con nosotros y que son otras personas las que tienen que resolver estos problemas. Somos todos nosotros los que tenemos que despertar y buscar, aprender, entender, dejar la indiferencia de lado para actuar y transmitir el mensaje de protección de los océanos.

Las especies que habitan en los océanos no pueden hacer nada para evitar lo que está pasando, pero los humanos sí pueden revertir los daños ocasionados, los humanos sí pueden detener la destrucción oceánica, los humanos sí pueden hacer algo, están en la obligación ética y moral de proteger a los océanos, al planeta Tierra y sus seres vivientes.

La sobrepoblación actualmente. El problema más complejo y del que derivan todos los demás problemas

Se debe tener en cuenta que, acerca del tema de la sobrepoblación, existen dos formas de ver el asunto:

1. Hay quienes creen que todos los problemas del planeta se deben al creciente y desenfrenado número de población humana.

2. Por otra parte, hay quienes dicen que la población humana está decreciendo y que la tendencia con el paso del tiempo será a tener cada vez menos hijos, lo que gradualmente terminará en una disminución del número de

humanos en el planeta (en países desarrollados, esto ya está ocurriendo) y con esto disminuirá la presión que la humanidad ejerce en la naturaleza.

Es posible que ambos puntos de vista tengan razón, veamos:

Desde los comienzos de la humanidad, cuando andábamos por el planeta y éramos muy pocos (unos cuantos grupos pequeños), los hombres nos acostumbramos a tomar de la naturaleza y del ambiente todos los recursos naturales que a lo largo de nuestra historia evolutiva hemos necesitado para subsistir, por ejemplo el agua, alimentos, minerales, madera para convertirla en calor para nuestros hogares, etc. Luego de transformarlos y utilizarlos para nuestro beneficio, los desechamos y los devolvemos al mundo natural en forma de basura o desperdicios; con el paso del tiempo y por proceso natural, el planeta asimila estos desechos, los degrada y los vuelve a transformar en diversas formas de energía para regresar nuevamente al mundo natural y luego para ser utilizados una vez más por los hombres en un ciclo creciente y continuo de utilización de recursos y consumo.

Hasta este punto todo funciona normalmente, pero las cosas van a salir bien siempre y cuando le demos al planeta el tiempo suficiente para asimilar los desechos, biodegradarlos y transformarlos e incorporarlos nuevamente a la naturaleza y así poder continuar el ciclo una y otra vez.

El problema surge cuando la población humana (especie dominante) empieza a crecer, cada día son más humanos, cada año la población aumenta y con el paso del tiempo, siglo tras siglo, milenio tras milenio son más y más humanos caminando por el planeta a tal punto que ya no son unos cuantos grupos pequeños como era en los comienzos de la historia de la humanidad, sino que ahora son millones de personas por todas partes. Es entonces cuando la demanda de bienes y servicios crece porque necesitamos más territorios, más alimentos, más recursos naturales de todo tipo y poco a poco las cosas empiezan a salirse de control.

Con el aumento desbordado de la población, viene el aumento de los gases de efecto invernadero, el aumento de la contaminación hídrica, la contaminación acústica, la escasez global de alimentos, la escasez de agua, la escasez energética, la escasez de tierra, el hacinamiento humano, la súper producción de basuras a nivel mundial, el aumento de la criminalidad, la rápida expansión de múltiples clases de virus, la deforestación acelerada, el aumento de las quemas de selvas y bosques, el aumento de la explotación minera ilegal, las hambrunas, el aumento de los casos de pacientes con enfermedades mentales, entre tantas otras dificultades ligadas a la sobrepoblación que actualmente afronta la humanidad. Entonces es imposible no darse cuenta de que el problema ambiental actual de la Tierra y todos los demás problemas surgen del desbordado crecimiento poblacional humano.

Por otra parte, alguien podrá decir que en muchos países la tasa de crecimiento se viene estancando, hasta podrán decir que su población está envejeciendo y quedándose sin jóvenes y eso es cierto, pero esto solamente está ocurriendo en los países desarrollados (países ricos), mientras que en los países subdesarrollados (países pobres) la tasa de sobrepoblación humana sigue aumentando de una forma alarmante.

Como resultado, cada vez somos más y cada persona demanda al planeta más energía y mayores recursos, especialmente las personas que viven en los países desarrollados son las que mayor cantidad de recursos demandan.

Pero si en los países desarrollados la población está envejeciendo, no hay muchos nacimientos y hay menos jóvenes, entonces ¿cómo es posible que el número de ciudadanos de estos países siga creciendo y demandando mayores cantidades de recursos?

La respuesta es por el flujo de nuevos ciudadanos extranjeros legales (no hablaremos de los ilegales) que llegan de otros países y hacen que la población de algunos países desarrollados crezca cada día más, aunque su población originaria este disminuyendo.

Las personas que apoyan la teoría de que la población humana finalmente terminará disminuyendo, probablemente también tienen razón, pero su argumento va ligado al nivel de desarrollo económico y educación de cada nación, es por esto que en los países desarrollados los hombres y mujeres deciden dejar para mucho después a lo largo de sus vidas tener hijos, primero dan prioridad a sus planes o proyectos de vida, negocios, estudio, viajes, diversión, trabajo, etc.

Luego de esto, tienen un hijo o máximo dos. En muchos casos, están decidiendo no traer niños al mundo porque ven la enorme responsabilidad, las dificultades económicas que acarrea tener hijos y, gracias a un mayor nivel de educación que en los países pobres, planifican mejor las cosas al momento de traer un nuevo habitante al mundo.

Si esto es cierto, entonces la reducción poblacional va ligada al nivel educativo y de desarrollo económico de cada país, por eso en la actualidad la población sigue creciendo sin control en los países menos desarrollados y menos educados (esta tendencia seguirá de esa forma por lo menos hasta después del año 2100, según las proyecciones estadísticas que nos brinda la ciencia), lo que da la razón también a quienes dicen que la sobrepoblación es el problema del que provienen los problemas ambientales y todos los demás problemas, lo que trae como resultado los grandes desafíos ambientales y sociales que ya vimos anteriormente.

Mientras los países subdesarrollados (pobres) no encuentren un nivel de desarrollo educativo y económico suficiente para evolucionar como nación, su población interna seguirá creciendo de forma desbordada y seguirá emigrando hacia otros países y continuarán demandando mayor cantidad de recursos con todos los problemas que como humanidad tenemos ser capaces de poder resolver.

¿QUÉ HACEMOS PRIMERO?

Empezamos por lo básico, pero tenga en cuenta que esto no es suficiente.

Debido al avance del cambio climático, las iniciativas personales o grupales no son suficientes, pero empezamos por lo mínimo que cualquier ser humano del común hoy en día debe hacer como norma general y, aunque sea muy obvio, es necesario aclarar que el ejemplo empieza por casa. Pregúntese usted mismo con qué autoridad moral vamos a actuar en materia ambiental si en nuestros propios hogares no estamos poniendo el ejemplo.

Es fundamental que todos los seres humanos intervengan y hagan su pequeño o gran aporte para contribuir a cuidar al planeta y el ambiente.

No es necesario ser un activista, escribir un libro, tener un sitio web que informe sobre proteger a la Tierra o hacer grandes donaciones de dinero para contribuir con la conservación ambiental.

La siguiente lista es una recopilación de consejos básicos y de sentido común para lograr este fin.

Es probable que al ver algunos de estos consejos usted pueda pensar que esto ya lo sabía, esto ya lo vio en algún programa de televisión en un portal de Internet, por radio, en el periódico, se lo dijeron en el colegio, se lo recomendaron en la universidad, etc. Pero lo importante aquí no es si eso ya lo sabíamos, lo importante es si lo estamos poniendo en práctica por nosotros mismos, por nuestro presente, por nuestro futuro, el de las siguientes generaciones y por nuestro hogar la Tierra.

Empecemos...

1. Hablar con amigos, familiares y conocidos sobre cómo proteger el ambiente, a los animales y cómo combatir la contaminación. No es necesario que lo haga todo el

tiempo pero sí, con alguna frecuencia, cuando esté reunido socialmente con amigos y familiares, ponga el tema sobre la mesa informando a los demás y escuchando las opiniones que ellos tienen al respecto.

2. Promover la ecología y defensa de la naturaleza en redes sociales.

3. Promover y presionar para que se dicte una cátedra o materia que incluya la educación y la protección ambiental en colegios y universidades en todos los países del mundo.

4. Compartir y publicar información ecológica importante con amigos y familiares por las redes sociales.

5. Planificar de forma responsable, sobre todo en los países subdesarrollados, para no traer tantos nuevos humanos a un mundo que afronta crisis ambiental por sobrepoblación.

6. No comprar productos de empresas que destruyen el ambiente.

7. Los veganos y vegetarianos contribuyen con el planeta muy positivamente, ellos defienden la vida de todos los seres sintientes, pues no consumen productos de las industrias cárnicas y lácteas que son una de las causas principales por acelerar el cambio climático. Dicha industria gasta millones de litros de agua diariamente, también es la que genera más gases de efecto invernadero que cualquier otra industria lo que acelera la crisis climática, además de encontrarse entre las más contaminantes de la Tierra, si tenemos en cuenta toda su cadena de producción.

8. Si usted puede, adopte una forma de vivir con filosofía vegana o un estilo de vida vegetariano, es muy sano y

le sorprenderá saber la cantidad de productos deliciosos que reemplazan a la carne y la leche con todos sus derivados lácteos sin sacrificar el sabor o la nutrición, pues hoy en día hay muchos productos vegetales que saben igual e incluso mejor, además tienen todos los nutrientes, casi todas proteínas y vitaminas que el cuerpo necesita.

9. Infórmese muy bien en cuanto a lo nutricional antes de dar este paso y tenga presente que si usted es menor de edad debe, de forma obligatoria, consultar con sus padres. Lo que ellos tengan que decir en un tema tan sensible como el de la alimentación es muy valioso y muy respetable así usted no esté de acuerdo con ellos.

10. Jamás y por ningún motivo asista a circos, corridas de toros, peleas de perros, peleas de gallos, peleas de peces o cualquier otro espectáculo en donde exploten, utilicen o maltraten animales; estos shows son un crimen muy grave en contra de la naturaleza y sus seres vivientes.

11. Siempre o en la medida de sus posibilidades comprar productos que en sus materiales y proceso de fabricación sean libres de crueldad contra los animales.

12. Reciclar y reutilizar papel, cartón, telas, etc.

13. Utilizar las hojas de papel para escribir por ambas caras.

14. Separar el material reciclable del biodegradable.

15. Jamás botar el aceite usado de la cocina por la cañería, pues una sola gota de aceite contamina muchos litros de agua. En este caso, lo que se debe hacer es verter ese aceite en papel periódico o de otra clase recubrirlo con más papel y arrojarlo a la basura. Otra opción es verter ese aceite

usado y quemado en un trapo de tela vieja que después de varias re-utilizaciones se podrá arrojar a la basura.

16. Apagar las luces que no se estén utilizando, así se reducen las emisiones de dióxido de carbono y se alivia en algo la economía del hogar.

17. Utilizar la energía eléctrica lo menos posible y aprovechar la luz del día al máximo.

18. Al salir de vacaciones, desconectar todos los aparatos eléctricos.

19. Comprar bombillas ahorradoras; consumen menos energía y duran más.

20. Ahorrar agua con baños más cortos y, de ser posible, bajar la cisterna cuando se expulsen sólidos, pero cuando se expulsen líquidos esperar por lo menos dos o tres entradas al baño antes de bajarla.

21. Cerrar la llave al momento de lavarse las manos o los dientes.

22. Instalar en la cisterna un sistema de doble descarga, ya que se gasta menos agua y a la vez ayuda al ambiente.

23. Vigilar las llaves y tuberías que estén goteando, proceder rápidamente a arreglarlas.

24. Comprar en supermercados que trabajen con bolsas biodegradables y evitar las bolsas plásticas.

25. Al adquirir productos de madera, escoger los que vienen de bosques sustentables para evitar la destrucción de los bosques nativos.

26. Ahorrar gasolina; de ser posible caminar o utilizar bicicleta.

27. En caso de estar pensando en comprar motocicleta, optar por una eléctrica o por bicicletas eléctricas; ya existen en el mercado de diferentes modelos y presupuestos.

28. No dejar prendido el televisor si no se va a estar viendo TV.

29. Reutilizar lo más posible todos nuestros objetos, de esta manera generamos menos basura.

30. Al cocinar, tapar las ollas. Se aprovecha mejor el calor y se consume menor cantidad de gas natural.

31. Al ir de compras, escoger productos con la menor cantidad de plástico posible.

32. Al comprar líquidos, elegir envases retornables.

33. Al comprar, escoger productos que en su etiqueta lleven la marca biodegradable.

34. Jamás y por ningún motivo comprar productos de piel de animales o de cualquier especie en vías de extinción.

35. Al menos una vez en la vida, pero lo ideal sería una vez al año, ubicar un buen lugar y plantar un árbol.

36. En viajes, no arrojar basura en carreteras ríos o playas.

37. En viajes, no maltratar la naturaleza y nunca sacar especies animales de su medio ambiente natural, como pajaritos, micos, felinos pequeños, peces, etc. Esto es un crimen muy grave porque significa apartarlos de su hogar para robarles la libertad; lo más probable es que se le provoque mucho sufrimiento a ese animalito y en muy pocos días muera.

38. Nunca en la vida comprar animales silvestres como si fueran mascotas porque han sido arrebatados de su

hogar natural, han sido cruelmente enjaulados y privados del bien más preciado que es la libertad.

39. No arrojar a la basura objetos como pilas, baterías o medicamentos con fecha de caducidad vencida. En lugar de eso, contactarse o averiguar qué entidades gubernamentales están recogiendo estos desperdicios. Muchas veces, en los centros comerciales se hacen campañas en las que recogen este tipo de desechos que son altamente peligrosos y contaminantes para el ambiente.

40. Hacer varias cosas o por lo menos una cosa en la semana para proteger este hermoso planeta, su ambiente y todos sus seres vivientes.

41. Hacer el deber de estar ambientalmente informados, ver noticias que tengan relación con estos temas, leer libros, ver documentales de calidad, navegar en Internet, investigar y hacer contacto con otros para retroalimentarnos.

Como se ha dicho al comienzo de esta parte del libro, lo importante no es si usted ya conocía estos consejos o si le parecen muy obvios, lo realmente importante es si usted lo está haciendo, si los está llevando a cabo, si en realidad le está dando una mano al planeta.

Actuando y transmitiendo el mensaje es como en realidad nos comprometemos.

¿QUÉ MÁS PODEMOS HACER?

Ya vimos lo básico, ahora vayamos más al fondo en la defensa ambiental y animal…

Poniendo en el radar a las organizaciones ambientalistas y animalistas

Desde hace algunas décadas, en diferentes lugares del mundo, empezaron a aparecer individuos y grupos de personas que veían los crímenes, el maltrato a los animales y las injusticias ambientales sin poder hacer nada. Con impotencia veían pasar el tiempo y cómo por parte de sus gobiernos no ocurría nada para solucionar esta clase de problemas. Se daban cuenta de la inoperancia de sus dirigentes para actuar en esos frentes, pero tenían el firme deseo de ayudar en sus lugares de origen, ellos querían resolver esos problemas y pensaban cómo intervenir, cómo actuar para hacer algo porque de parte del Estado los esfuerzos eran muy pobres en materia ambiental. Sabemos que en el pasado, e incluso hoy en día, la clase política nunca se ha interesado por estos temas (solo en este tiempo actual las cosas vienen cambiando muy lentamente).

Es entonces cuando estas personas empiezan a hablar, a compartir experiencias sobre las tragedias contra la naturaleza, se empiezan a unir a organizar, empiezan a darle a los temas ambientales y a los asuntos de los animales la importancia que se requiere para aportar soluciones.

Es así como se fueron creando organizaciones que con el tiempo han ido creciendo para convertirse en verdaderas instituciones, algunas son tan grandes que se volvieron de carácter internacional. Además, hacen sus propios estudios científicos, su propia investigación y su propio control ambiental, de ser necesario envían manifestantes voluntarios para hacerse sentir ante la sociedad. Ellos realmente son defensores de la naturaleza o de los animales porque le ponen el pecho a la situación sobre el terreno para luego avanzar dando a conocer a la opinión publica lo que viene ocurriendo, señalando a los culpables y cómo se puede hacer para solucionar los problemas. Al mismo tiempo, van protegiendo el ambiente, a las personas y a los animales del acoso, la depredación y la total aniquilación de ecosistemas por parte de la misma humanidad.

Si usted está pensando que le gustaría hacer algo más que la media normal de una persona del común y que quisiera llegar un poco más lejos en la defensa ambiental y animal, entonces empiece por contactar a esta clase de grupos ambientalistas, pero fíjese muy bien que sean de tradición y reconocimiento en su ciudad o país y luego haga contacto para comunicarse con ellos. Pregúnteles qué puede hacer para entrar, muchas de estas organizaciones necesitan voluntarios para trabajar en diferentes frentes de la defensa ambiental y una vez estando dentro de estas estructuras, con el paso del tiempo, podrá ir progresando, le asignarán tareas de mayor responsabilidad, le brindarán más información para que usted adquiera un mayor conocimiento del tema en el que se esté interviniendo. Es posible que empiece con misiones locales y si logra darse a conocer como una persona de mucha confianza será muy probable que lo tengan en cuenta para que le asignen misiones regionales en lugares distintos al de su nacimiento y en casos excepcionales podrá ir a lugares exóticos y lejanos fuera de su país.

Es muy importante que usted revise el perfil de la organización ambientalista o animalista a la cual piensa pertenecer, por favor preste mucha atención a la recomendación que estoy dando en este momento: no ingresar de ninguna manera a organizaciones de dudosa reputación o que nadie conoce, evite a toda costa grupos de desconocidos sin un respaldo de tradición o ningún reconocimiento de trabajo con las comunidades. Esto es muy importante porque lo que vamos a hacer y lo que estamos buscando es ayudar de forma pacífica en la defensa del ambiente, la protección de los animales, descontaminar ríos, limpiar las playas, proteger a las personas de posibles contagios por contaminación ambiental, hacer campañas en pro de un ambiente sano y saludable para todos, etc. No queremos resultar involucrados en otra clase de actividades que nada tienen que ver con la naturaleza y los animales, actividades contra la ley o que nos puedan traer problemas y dolores de cabeza a nosotros o a nuestras familias, mucho ojo con eso.

¿Qué es lo bueno y lo menos bueno de pertenecer a una organización ambientalista o animalista?

Pertenecer a un grupo ambientalista o animalista, como todo en la vida, funciona para unas personas pero no es para todo el mundo y no se preocupe si usted no piensa entrar a una organización ambiental o si esto no es lo suyo, puede quedarse tranquilo, no es una obligación si usted forma parte o no de una organización de este tipo.

Lo bueno

Todo es bueno porque usted pasará a formar parte directa de los humanos decididos que actúan, usted será uno de los que se mueven en tiempo real de forma valerosa por defender al planeta, por cuidar a los animales, por proteger el futuro y la supervivencia de todos nosotros como especie.

Usted recibirá el apoyo moral de mucha gente y será visto con respeto, con admiración por la gran mayoría de las personas y lo mejor de todo es la gran satisfacción personal de saber que pasó de las palabras a los hechos haciendo algo muy noble en beneficio de la naturaleza y la humanidad.

Lo menos bueno

No le van a pagar un solo centavo por su tiempo, usted deberá tener siempre presente que esto lo hace de forma voluntaria por un ideal ambientalista o por la defensa de los animales, no para que le paguen como si fuera un trabajo.

Por esto dedique tiempo a sus cosas personales y otro tiempo, si lo desea, a participar activamente en la defensa ambiental, pero no espere retribuciones económicas o que le tienen que pagar porque entonces usted está en el lugar equivocado.

Luego de haber comprendido claramente qué implica pertenecer a una organización ambientalista o animalista, el siguiente paso es buscar la organización con la que más se identifica y entonces ¡decidirse y entrar!

UN PASO MÁS ADELANTE. VOLUNTAD POLÍTICA, ECOLOGÍA POLÍTICA, PROGRESO Y EQUILIBRIO SOSTENIBLE

Voluntad política

Si entendemos que la política es el proceso por el cual se tomarán las decisiones que se van a aplicar a los miembros de una comunidad humana, entonces, al pensar en la defensa ecológica del ambiente de nuestro planeta, se vuelve esencial para todos los países encontrar una manera en la cual se encaminarán los esfuerzos para conseguir ejecutar con firmeza las políticas ambientales que todos necesitamos para combatir la crisis del cambio climático.

Tenemos que conseguir que nuestros dirigentes públicos tengan la voluntad política suficiente para promulgar las regulaciones, las leyes y las partidas económicas necesarias para lograr resolver los problemas ambientales empezando una transición organizada y programada para dejar la explotación de combustibles fósiles y al mismo tiempo ir reemplazándolos de manera ordenada sin provocar descalabros económicos por formas de producir energías limpias.

Para empezar, es básico que se pronuncien cada día con mayor fuerza los líderes sociales y ambientales que estarán apoyados en la gente del común, millones de personas a nivel global que deben organizarse y movilizarse masivamente para salir a las calles de forma pacífica e ininterrumpida en todas las ciudades y continentes de nuestro mundo para exigir con firmeza a los políticos en el Congreso y a los Gobiernos de turno la voluntad política real para cambiar de forma radical el sistema y el camino por el cual vamos.

Desde la clase política, deberán dictar leyes enfocadas para hacer el cambio a políticas verdes, energías limpias y endurecer las regulaciones para penalizar a los que contaminan, además de gravar con impuestos significativos a las tecnologías contaminantes y comenzar ya de manera real y decidida (no con discursos) la reducción de gases efecto invernadero que diariamente emanamos a nuestra atmósfera; todo es parte de lo mismo y todo cuenta.

Los políticos, sin dejarse seducir y corromper por el infame *lobby* político, deberán legislar para conseguir leyes ambientales sólidas que penalicen severamente a las empresas locales o extranjeras que contaminen y, al mismo tiempo, hacer que las grandes multinacionales o las empresas nacionales que extraen combustibles fósiles y generan energías sucias paguen más impuestos sin que el gravamen se le cobre al consumidor final. Al mismo tiempo, se debe velar para que estas empresas inviertan honestamente en investigación para hacer un cambio escalonado y ordenado pero decidido a energías limpias, verdes y renovables.

Ecología política

Por todo lo anterior, se hace necesario unificar esfuerzos y reunir voluntades entorno a lo que se conoce como ecología política, que no es otra cosa diferente que profundizar en una línea de pensamiento político enfocado en lo ecológico. Es una forma de pensar bastante nueva en la historia del hombre (data de los años setenta del siglo XX) en la cual buscamos que todos como sociedad, que nuestros líderes y gobernantes enfoquen sus programas de gobierno, le den una mayor prioridad y tengan como uno de sus pilares esenciales a los temas y asuntos de carácter ambiental.

¿Qué busca la ecología política?

No es una ciencia que esté pretendiendo dar directrices científicas o filosóficas, sino más bien es una novedosa forma de pensar que plantea un cambio radical de sistema sobre cómo hemos venido haciendo las cosas para buscar la mejor manera de solucionar el grave problema climático y el peligroso camino de devastación ambiental por el cual avanza la humanidad en estos tiempos de crisis climática.

La ecología política busca cambiar positivamente las relaciones de poder de los humanos sobre la naturaleza y cambiar el poder de decisión que tienen unos pequeños grupos de personas sobre los recursos naturales y sobre todo el colectivo general de una sociedad.

Es lograr hacer un cambio en la toma de las decisiones sobre cómo vamos a utilizar los recursos que nos brinda la naturaleza para el beneficio de todos.

Significa empezar a pensar que tenemos que respetar los límites naturales que el planeta nos da sobre lo que podemos explotar y, de esta forma, poder cambiar el rumbo para salir de ese camino consumista que nos viene llevando directo hacia un abismo del cual nos dicen que no hay retorno y del cual al parecer no podemos escapar.

Todas las decisiones políticas como las de carácter energético, del ámbito agrario, del ambiente urbano, entre muchas otras, van a repercutir sin lugar a dudas sobre la naturaleza y el ambiente; entonces, la ecología política, como una nueva forma de pensamiento, marca una raya o línea roja impasable sobre lo que podemos explotar al planeta.

Significa que los Gobiernos, el Congreso, los partidos políticos, sin importar su ideología, y además el mundo empresarial deberán estar presente para, entre todos, asimilar la idea irrefutable de que el planeta Tierra tiene unas líneas o limites naturales a lo que puede producir y procesar que deben ser respetados y por lo mismo se vuelve esencial que todos como sociedad planetaria entiendan que tenemos que fijar límites al crecimiento económico y que no podemos, con la excusa del progreso, simplemente seguir tomando y tomando lo que queramos, explotarle al planeta sin que le permitamos recuperarse. Son unas líneas rojas inquebrantables que entre todas las naciones, sin lugar a dudas, se tendrán que acordar, fijar y acatar para lograr ganar la lucha contra el cambio climático y poder cambiar el destino negativo hacia el cual nos dirigimos.

Por último, la ecología política y su planteamiento no deben ser tomados como la ideología política propia de un partido o del otro partido, de un lado o del otro lado, sino que, por el contrario, debe ser asimilada por todas las vertientes políticas por igual para dejar atrás la idea de que progresar es sobreexplotar para producir y consumir de manera desbordada para satisfacer el circulo vicioso del consumo.

¿Qué significa progreso?

¿Progresar significa explotar con todos los excesos posibles los recursos naturales de las naciones y el planeta hasta que no quede nada para luego mostrar unos altos niveles de crecimiento económico?

¿Progresar significa tumbar selvas enteras y frenar los causes de los ríos para colocar unas hidroeléctricas modificando y arrasando los ecosistemas trayendo destrucción ambiental y muerte con extinción a miles de especies animales?

¿Progresar significa quemar miles de hectáreas de la selva acabando con el hogar de centenares de especies nativas de animales y terminar para siempre con millones de árboles que son esenciales para la vida de todos sobre la Tierra con la finalidad de colocar vacas para consumo humano?

¿Progresar significa seguir explotando los contaminantes combustibles fósiles que agravan severamente el problema de los gases efecto invernadero en la atmósfera para luego decir que el barril de petróleo se vendió a tal o cual precio y que eso significa que estamos progresando?

¿Progresar significa que cada año vengan unos señores pomposos y adinerados vestidos de traje y corbata a decirnos por los medios de comunicación que hubo progreso cuando en realidad lo que tuvimos fue más y más sobreexplotación desbordada de recursos naturales?

¿Todo lo que actualmente hacemos de forma depredadora y salvaje a la naturaleza y al ambiente en el que nosotros mismos habitamos significan que la humanidad va progresando?

¡No!

¡Lo anterior no significa progresar!

Si buscamos la definición de «progreso» en el idioma español, según la RAE (Real Academia Española) significa:

'Acción de ir hacia adelante'.

'Avance, adelanto, perfeccionamiento'.

Ecológicamente hablando, progresar significa satisfacer nuestras necesidades de una forma equilibrada y coherente evolucionando en todos los aspectos, pero sin sobrepasar las líneas naturales inquebrantables que el planeta tiene con respecto de lo que nos puede brindar.

Tendríamos, entonces, que plantearnos si con el sistema económico predominante (capitalismo salvaje) y con la manera en la que vamos haciendo las cosas actualmente estamos yendo hacia adelante evolutivamente, tendríamos que pensar si estamos avanzando como especie, si realmente al consumir de una forma viciosa y exagerada sobreexplotando los recursos naturales que el planeta nos puede brindar es señal de que estamos adelantando, es un signo de que nos vamos perfeccionando como los humanos que somos o, por el contrario, tenemos que comprender que el sistema económico actual nos está llevando por el camino equivocado.

La ecología política plantea que deberíamos redefinir lo que nos han hecho creer sobre lo que significa progresar. Tenemos que comenzar a pensar que vamos progresando como especie cuando podamos vivir en un planeta que está ambientalmente equilibrado, con aire limpio para todos, con el agua pura irrigando la naturaleza y brindando un mínimo vital del líquido justo y amplio para todos los seres humanos. Cuando la producción de basura no sobrepasa los límites manejables, cuando permitimos que los animales vivan sus ciclos de vida naturales de forma normal sin ser acosados o exterminados, con tierras fértiles y no tierras erosionadas, cuando los ciclos del clima terrestres lleguen de forma natural y no totalmente descontrolados, cuando vivamos en un mundo con justicia ambiental y finalmente cuando los índices económicos crezcan positivamente pero sin ambición desmedida y no anden presionando para exceder lo que el planeta nos puede brindar; en ese momento, podemos decir que estaremos progresando como especie.

Equilibrio sostenible

Tenemos que ser capaces de encontrar un punto medio de equilibrio para no terminar con todos nuestros recursos y al mismo tiempo poder aprovechar con sabiduría lo que la naturaleza nos brinda, sin sobreexplotación, sin excesos y por eso es importante empezar por conocer el legado de cuatro leyes ecológicas que nos dejó Barry Commoner (1917–2012), biólogo estadounidense, profesor universitario y excandidato a la presidencia de EU.

Las cuatro leyes de la ecología de Barry Commoner

Si realmente queremos progresar y mantener nuestros ecosistemas equilibrados, tenemos que tener muy claras estas cuatro leyes para que podamos, como especie humana, avanzar en la dirección adecuada en este planeta.

1. 1. Todo está conectado con todo lo demás, hay un solo ecosistema global para todos los organismos vivos y lo que afecta a uno los afecta a todos.

2. 2. Todo va a parar a alguna parte porque en la naturaleza no hay lugares específicos para residuos y no existe un afuera a donde las cosas puedan ser arrojadas.

3. 3. La naturaleza es más sabia que la humanidad que ha creado tecnología para perfeccionar a la naturaleza, pero esos cambios han ido en deterioro de dicho sistema.

4. 4. No existen los «almuerzos gratis». La explotación de la naturaleza inevitablemente implica convertir los recursos de formas útiles en formas inútiles.

Para conseguir que la naturaleza mantenga un ambiente equilibrado, tenemos que comprender que la sostenibilidad nos debe importar a todos y no puede ser responsabilidad de unos pocos que se interesan por proteger y preservar, mientras otros depredan sin tener conciencia sobre lo que nos pueda pasar a todos, sin preocuparse por lo que le pueda pasar al mundo natural, peor aún es que otros ni siquiera le dan importancia, solamente se muestran interesados por vender o por consumir sin pensar o sin preguntarse, por ejemplo, de qué manera nos puede llegar a afectar a todos como especie cuando se talan los árboles de los ecosistemas donde no deberían ser talados. Cuando se fumiga la tierra con agentes químicos altamente tóxicos, cuando son cazados los animales en las selvas, cuando se sacan a los animales de sus ecosistemas nativos, cuando pescan excesivamente en los océanos o perforan en todos los ecosistemas para buscar y extraer petróleo y tantos recursos más.

Lograr un equilibrio sostenible es un asunto complejo porque no se puede juzgar a las pequeñas comunidades que talan los árboles, que cazan o pescan en los territorios diciéndoles simplemente que ya no pueden seguir haciendo estas actividades sin ofrecerles algunas oportunidades económicas de subsistencia y crecimiento social que perduren a lo largo del tiempo.

Lo que se debe hacer es promover programas de progreso y desarrollo sostenible para estas comunidades y, a la vez, castigar a las empresas que se comporten como depredadores del ambiente que no respetan la naturaleza, sin importar que sean multinacionales muy poderosas, pequeñas empresas locales o grupos de personas habitantes de los territorios porque en todos los casos siempre pretenden pasar por encima de todo y de todos con tal de lucrarse, abusando y sacrificando los recursos que nuestro planeta tiene para brindar.

Lograr el equilibrio sostenible debe ser un esfuerzo coordinado desde el Gobierno con el empresariado y la ciudadanía en general, en donde se tenga como premisa la explotación responsable para que el ambiente este equilibrado beneficiándonos a todos.

Es fundamental que la clase política, la clase empresarial y las personas del común tengan comprensión de lo que significan estos cuatro principios y se den cuenta de que nuestro planeta tiene líneas rojas que no se deben sobrepasar con respecto a lo que el planeta puede producir porque sus recursos son limitados. Actualmente, pensamos que podemos explotar y explotar como si los recursos que nos brinda la naturaleza nunca se fueran a terminar, lo que nos ha venido llevando a la creencia de que podemos arrasar con todo.

Hay que aceptar que el planeta tiene una capacidad finita y no infinita para poder reciclar de manera natural las basuras o residuos que la humanidad continuamente está produciendo y este proceso necesita tiempo; actualmente, generamos basura y toda clase de desechos sin tener en cuenta que la manera natural de procesar todos estos desperdicios también tiene un límite que no se debe sobrepasar.

Para avanzar por un verdadero camino de progreso y para poder seguir viviendo en este planeta de una manera que realmente nos dignifique como seres humanos, tenemos que respetar los tiempos que tiene la naturaleza y así lograr un punto de equilibrio sostenible.

TODO ES IMPORTANTE

Desde el aprendizaje por las diferentes capas de la sociedad de los conceptos básicos en el mundo de la ecología, la naturaleza y el ambiente, empezando por una familia común en donde los padres enseñan a sus hijos a no contaminar y el respeto para con los animales, pasando por los grupos de jóvenes que comprenden que tienen organizarse para hacer algo no violento, pero significativo con la finalidad de ayudar.

Finalmente, serán los Gobiernos de todos los países unidos, ejerciendo políticas trascendentales para el cambio en una dirección positiva, los que dictarán las leyes que necesitamos para el bienestar ambiental de la naturaleza, de todos nosotros y de cada ser viviente.

Los seres humanos que vivimos en esta época sabemos
lo que le está ocurriendo ambientalmente al planeta.
Es posible que seamos la última generación que pueda
hacer algo para revertir la extinción masiva de especies
animales; tenemos el conocimiento tecnológico,
tenemos los medios económicos y la infraestructura
para resolver los problemas.
Las decisiones que tomemos como especie desde ahora
y en las siguientes cuatro o cinco décadas van a marcar
el futuro de todos los que habitan en el planeta Tierra,
ya sean humanos o no lo sean.

¡GRACIAS POR COMPRAR Y LEER ESTE LIBRO!

Usted puede hacer mucho por la protección ambiental de la naturaleza y por la vida de humanos y animales en la Tierra.

Tenga siempre presente que usted no es inferior a nadie y tampoco debe mostrar aires de superioridad para con nadie, pero lleva en su interior a una fiera gigante capaz de hacer o conseguir lo que sea.

Si yo pude escribir este libro sin tener ninguna experiencia como escritor profesional y sin tener ninguna clase de formación ambiental de carácter formal, solamente con aprendizaje empírico y un deseo profundo por ayudar, entonces usted puede estar seguro de que podrá conquistar cualquier meta que se proponga en la vida.

Cuando morimos, parte del valioso legado que queda de una persona son sus ideas, su huella, su manera de pensar, cómo era esa persona en vida; yo quiero que me recuerden porque siempre busqué participar, informar y ayudar en la defensa, en la protección de la humanidad, la naturaleza, el ambiente y de mis amigos los animales.

Sea quien sea y esté donde esté, le doy las gracias por leer esta sencilla obra, espero haber podido plantar una semilla ecológica en su alma en pro de la vida y la defensa ambiental de todos los seres vivientes en el planeta.

Que la bendición del creador este con usted.

Darío Acosta